Richard Chaim Schneider
Israel am Wendepunkt

Richard Chaim Schneider

# Israel am Wendepunkt

Von der Demokratie
zum Fundamentalismus?

Kindler

© Copyright 1998 by Kindler Verlag GmbH, München
Das Werk einschließlich aller seiner Teile ist urheberrechtlich
geschützt. Jede Verwertung außerhalb der engen Grenzen des
Urheberrechtsgesetzes ist ohne Zustimmung des Verlages un-
zulässig und strafbar. Das gilt insbesondere für Vervielfältigun-
gen, Übersetzungen, Mikroverfilmungen und die Einspei-
cherung und Verarbeitung in elektronischen Systemen.
Umschlaggestaltung: Graupner & Partner, München
Umschlagfoto: TIB, München
Satz: Ventura Publisher im Verlag
Druck und Bindung: Clausen & Bosse, Leck
Printed in Germany
ISBN 3-463-40252-1

2  4  5  3  1

*Für Marijn de Boer*

# Vorwort

Mein Mann Jitzchak Rabin wurde ein Opfer des von ihm eingeleiteten Friedensprozesses zwischen Israel und den arabischen Nachbarstaaten. Er hatte diese neue Ära der Beziehungen zwischen Israelis und Arabern in der festen Überzeugung eröffnet, daß es keine andere Lösung gibt für den hundert Jahre alten Konflikt um das Land Israel, auf das beide Völker Anspruch erheben.

Durch den Teilungsbeschluß der Vereinten Nationen vom 29. November 1947 wurde uns Juden ein Staat zugesichert; den Arabern wurde das Westjordanland zuerkannt, das die Gebiete Judäa und Samaria umfaßt. Im Juni 1967 hatte Israel nach dem Angriff der jordanischen Armee das im wesentlichen von Palästinensern bevölkerte Westjordanland besetzt; das Land wurde allerdings niemals annektiert. Seitdem wird das Thema der besetzten Gebiete in der israelischen Gesellschaft äußerst kontrovers diskutiert. Das linksliberale Lager vertrat stets die Meinung, wir sollten die besetzten Gebiete – oder zumindest den größten Teil davon – eines Tages im Rahmen einer Friedenslösung zurückgeben; das rechtskonservative Lager und die meisten religiösen Gruppierungen hingegen schließen eine solche Option kategorisch aus. Sie behaupten, dies sei *unser* Land, das wir niemals wieder aufgeben dürften. Ein Beharren auf diesem Standpunkt liefe natürlich auf eine ewige Fortsetzung des qualvollen Konflikts zwischen Israelis und der mehrheitlich palästinensischen Bevölkerung im Westjordanland hinaus, die sich als palästinensisches Volk begreift und ihr eigenes, unabhängiges Land fordert. Sollte sich die israelische Regierung also einem Kompromiß bezüglich der besetzten Gebiete verschließen, würde dies ein Blutvergießen ohne Ende nach sich ziehen.

Als Ministerpräsident Jitzchak Rabin die Zeit für reif erachtete, diesen unheilvollen kriegerischen Kreislauf zu durchbrechen und den Weg des Friedens einzuschlagen, war er sich dessen bewußt, daß ein Friedensschluß sowohl von islamisch-fundamentalistischen Bewegungen wie Hamas, Dschihad oder Hisbollah bekämpft werden würde als auch von den jüdischen Fundamentalisten – von Gusch Emunim, den Siedlern in den besetzten Gebieten und anderen orthodoxen Gruppierungen.

Aber das ist nicht die ganze Geschichte. Die Führung des Likud-Blocks erkannte, daß Jitzchak Rabin als einzige Leitfigur das Vertrauen und die Achtung des israelischen Volkes hatte – über die Grenzen seiner eigenen Partei und des gesamten Spektrums der politischen Linken hinaus. Etwa 70 Prozent der israelischen Bevölkerung wollten den Frieden und glaubten an Rabins Weg. Dies machte ihn zur Zielscheibe für Anfeindungen. Aus politischen und ideologischen Gründen lenkte der Likud-Block eine Kampagne gegen ihn, mit der Absicht, seine Popularität und Führungskraft zu untergraben. Sie bedienten sich dabei der Ultrareligiösen und der Ideologen des rechten Lagers, wenn ein Bombenanschlag eines Selbstmordattentäters der Hamas verübt worden war oder ein wichtiges politisches Ereignis auf dem Weg zum Frieden stattgefunden hatte, wie der Händedruck mit Yassir Arafat und später die Unterzeichnung des zweiten Osloer Abkommens. Wütender Protest artikulierte sich: »Rabin, Verräter, Mörder«. Plakate mit Rabin in SS-Uniform tauchten auf; fundamentalistische Fanatiker legten eine ihn darstellende Puppe in einen Sarg mit der Aufschrift: »Rabin, Mörder des Zionismus«.

Tatsächlich wurde hier die politische Auseinandersetzung durch eine gewaltsame ideologische Demonstration blinden Hasses verschärft.

Der Mann, der sich für die Verteidigung und Stärkung des jüdischen Staates einsetzte, wurde von einem fanatischen ultraorthodoxen Juden umgebracht. Er war jedoch nur das Werkzeug, denn das Klima für diesen politischen Mord war von den Likud-Führern geschaffen worden. Es war ein grausamer Meilenstein in unserer Geschichte; nun offenbarte sich vollends, wie gefährlich die Verquickung von Politik und Religion sein kann.

Richard Chaim Schneider hat sich eingehend mit den verschiedenen Aspekten der polarisierten israelischen Gesellschaft befaßt und eine glänzende Analyse vorgelegt. Es ist wichtig, all diese Informationen zu kennen, wenn man ermessen will, was für Israel auf dem Spiel steht, wenn man versucht, die immensen Gefahren auszuloten und Wege zu finden, dieses verwirrte und zerrissene Land zu befrieden – diese jüdische Heimat, von der wir geträumt haben, die wir so ungeheuer dringend brauchten und die wir heute in tiefem Leid sehen müssen. Und doch sind wir voll Hoffnung, die Gräben überwinden zu können und ein Klima der Toleranz zu schaffen für eine friedliche Koexistenz aller widerstreitenden Gruppierungen in der israelischen Gesellschaft.

Ich schätze und achte Richard Chaim Schneiders Bemühungen, Wissen und Verständnis zu vermitteln, und möchte ihm gratulieren und danken für dieses wichtige Buch.

*Lea Rabin*

# Einleitung

Fünfzig Jahre Israel – das wäre natürlich ein Grund zum Feiern. Man müßte auf die Entwicklung des Zionismus hinweisen, die Entstehungsgeschichte des jüdischen Staates erzählen, auf die militärischen Siege, die erfolgreiche Integration der Einwanderer, die Wiederbelebung der hebräischen Sprache und auf die kulturellen Leistungen des jungen Staates eingehen. Man müßte, mit anderen Worten, eine wirklich einzigartige Erfolgsstory vorstellen und angesichts der Shoah darüber jubeln, daß Juden endlich einen eigenen Staat haben.

Nichts dergleichen geschieht in diesem Buch. Die positiven Aspekte, die Israel aufzuweisen hat, werden in den folgenden Kapiteln kaum erwähnt. Es fällt mir schwer, in den allgemeinen Jubel einzufallen, weil ich Israel zu nah und gleichzeitig zu fern bin. Zu fern, weil ich als Diaspora-Jude nicht ständig und unmittelbar an den Geschehnissen Israels teilhabe; zu fern auch, weil ich den Jubel zionistischer Ideologen noch allzugut im Ohr habe, die mir seit meiner Kindheit immer wieder zu erklären versuchten, daß ich einfach im Lande Israel leben müsse, daß Eretz Jisrael das Land sei, wo Milch und Honig fließen. Überhaupt sei in Israel alles besser als sonstwo. Zu nah, weil ich seit meiner frühesten Kindheit so oft im Lande war und dort auch über längere Zeit gelebt habe, so daß ich Israel – mit Ausnahme der Bundesrepublik

Deutschland – besser kenne als jedes andere Land. Zu nah aber auch, weil es durchaus jüdischer Tradition entspricht, kritisch und skeptisch zu sein, vor allem gegenüber dem Eigenen. Seit jeher zeichnete es auch jüdische Intellektuelle aus, gegenüber der Gesellschaft, in der sie leben, kritische Distanz zu halten. Gerade die israelischen Intellektuellen beweisen mit ihrer ständigen Einmischung in die politische und soziale Entwicklung in ihrem Land, daß sie ihre gesellschaftliche Rolle als Mahner durchaus ernst nehmen und Verantwortung tragen wollen für das Gemeinwohl.

Ich kann allerdings auch noch aus einem anderen Grund nicht jubeln: Angesichts der politischen Situation im Nahen Osten sehe ich nur wenig Grund zur Freude, und bis heute sitzt mir noch jener Abend tief im Gedächtnis, an dem Jitzchak Rabin ermordet wurde. Ich war damals überzeugt, daß nach seinem Tod nichts mehr in Israel so sein würde wie zuvor. Was bis dahin allenfalls als Möglichkeit gelegentlich aufschimmerte, war durch die Todesschüsse von Tel Aviv Wirklichkeit geworden: Der jüdische Konsens war zerbrochen. Die Einheit der Nation war zerbrochen, und diese Spaltung der israelischen Gesellschaft wird wohl über lange Zeit anhalten. Es bleibt offen, ob in Israel jemals wieder eine Atmosphäre entstehen kann, wie man sie als Besucher dieses Staates bis 1995 immer wieder bewunderte: jene Stimmung, die eine zwar zerstrittene, aber letztendlich doch zusammengehörende Familie auszeichnet.

Es ist nichts Besonderes, als Jude die problematischen Aspekte des zionistischen Staates zu beleuchten. Andere, bedeutendere Juden haben dies schon lange vor mir getan. Doch es ist gewiß eine Besonderheit, dies für eine deutsche Leserschaft zu tun. »Was bist du nur für ein Jude«, fragte mich einer meiner israelischen Gesprächspartner, »statt hier zu leben und am Aufbau Israels mitzuwirken, schreibst du ein Buch für die Deutschen und zeigst ihnen nur die schlechten Seiten des Landes!« Diesen Vorwurf hörte ich nicht nur einmal im Laufe meiner mehrmonatigen Recherchen in Israel. Auch in Deutschland gibt es Juden, die solch ein Unterfangen nicht tolerieren wollen und mich als »Nestbeschmutzer« beschimpfen werden, denn jede Kritik an Israel von jüdischer Seite liefert ihnen zufolge hierzulande nur zusätzliche Munition für Antisemiten und Antizionisten.

Gewiß, ein Körnchen Wahrheit mag schon darin enthalten sein, aber wann werden wir Juden aufhören zu glauben, daß »richtiges« oder »falsches« Verhalten irgendeinen Effekt auf diejenigen haben könnte, die offenbar gar nicht in der Lage sind, ihre Vorurteile uns gegenüber abzubauen?

Andererseits ist es doch gerade ein besonders positiver Aspekt Israels, die internationale Presse ins Land zu lassen und ihr so gut wie nichts vorzuenthalten – ein Akt des Selbstbewußtseins, der Emanzipation und auch des Stolzes. Sollte das für uns nicht auch längst gelten?

Allerdings gibt es da auch ein sehr deutsches Problem, das nicht zu übersehen ist. Bis heute ist die deutsche Berichterstattung über Israel häufig von unbewußten Ängsten, Ressentiments oder auch falscher Zuneigung gegenüber den Juden geprägt. Eine semantische Analyse deutscher Zeitungsartikel würde dies sofort bestätigen. Auch die Berichterstattung in den elektronischen Medien erscheint problematisch, da sie nur selten auf vielschichtige Zusammenhänge im Nahost-Konflikt hinweisen will und kann. Insofern hoffe ich, daß ich mit diesem Buch dem deutschen Publikum einige Hintergründe der israelischen Politik aufzeigen und vor allem deutlich machen kann, daß die politische Diskussion in Israel sehr viel pluralistischer, komplexer und vielfältiger ist, als sie hierzulande wiedergegeben wird.

Ich beschränke mich in diesem Buch auf Betrachtungen zur innenpolitischen Lage Israels. Das hat zwei Gründe. Zum einen meine ich, daß den vorhandenen Publikationen zum palästinensisch-israelischen Konflikt kaum etwas hinzuzufügen bleibt; zum anderen glaube ich, daß die Situation in Israel im Augenblick tatsächlich an einem Wendepunkt angelangt ist. An dieser Entwicklung sind die Palästinenser in den besetzten Gebieten zwar mit »schuld«, doch im innenpolitischen Szenario treten sie nur als Statisten auf. Der Ausgang des Kampfes, den die hier vorgestellten Protagonisten miteinander führen, wird meines Erachtens wesentlich dazu beitragen, wie der Nahe Osten in Zukunft aussehen wird.

Viele Monate hielt ich mich in Israel auf, und ich hatte das Glück, vielen, vielen Menschen zu begegnen, die für dieses Buchprojekt gerne bereit waren, mir Rede und Antwort zu stehen. Dabei hatte ich die Gelegenheit, Menschen aus allen politischen Lagern und Gesellschaftsschichten zu treffen: Ultraorthodoxe und Atheisten, Rechtsextremisten und linke Fanatiker, Friedensbewegte und Kriegstreiber, Tauben und Falken, Siedler und Oppositionelle, emanzipierte Frauen und chauvinistische Männer, Sefardim und Aschkenasim, Zionisten und Antizionisten – und natürlich auch Muslime jeglicher politischer Couleur. Die Gespräche wurden auf Hebräisch und Jiddisch, auf Englisch und Deutsch, auf Französisch und manchmal in einem Mischmasch aller möglichen Sprachen geführt. Das Sprachengewirr in Israel ist nach wie vor ein sicheres Indiz für eine kulturelle und gesellschaftliche Vielfalt, die einerseits als wundersamer Pluralismus, andererseits als Chaos gewertet werden kann.

Israel ist ein Phänomen. Es gibt wohl kaum ein zweites Land, in dem das politische Tagesgeschehen so stark in den Alltag und in das Bewußtsein der Menschen hineinspielt. David Ben Gurions Stoßseufzer »Ich bin Ministerpräsident von Millionen Ministerpräsidenten« hat nichts von seiner Aktualität verloren.

Als ich 1966 als kleiner Junge das erste Mal nach Israel reiste, besuchte ich mit meinem Vater das damals noch geteilte Jerusalem. Dort zeigte er mir, von einer Grenzmauer herab zum Horizont weisend, die ungefähre Lage der Westmauer des einstigen jüdischen Heiligtums, des Tempels. Eines Tages, wenn der Messias käme, würden wir dorthin können, versicherte mir mein Vater hoffnungsvoll. Inzwischen war ich etliche Male an der »Klagemauer«, und das Gerede um die Ankunft des Messias will nicht aufhören; es hat längst die Tagespolitik des jüdischen Staates durchdrungen. In nur wenigen Jahrzehnten hat sich die Situation Israels mehrfach grundsätzlich gewandelt.

Für den Journalisten ist die Situation in Israel kompliziert. Jedes neue Gespräch wirft neue Fragen auf und erinnert an den jüdischen Witz, in dem zwei Streithähne zum Rabbi kommen und von ihm eine Entscheidung fordern. Der erste trägt seine Sicht der Auseinandersetzung vor, die der Rabbi mit einem »Du hast recht« kommentiert. Nachdem der zweite seine Version vorgetragen hat, sagt der Rabbi erneut: »Du hast recht.« Nun mischt sich ein Dritter ein, der diesem Gespräch beigewohnt hat, und hält dem Rabbi vor, daß er doch nicht beiden Kontrahenten recht geben könne, woraufhin der Rabbi nur trocken erwidert: »Du hast auch recht.« In diese Position sieht sich der interviewende Journalist gedrängt, wenn er sich der Mühe unterzieht, die jeweiligen Weltanschauungen der Gesprächspartner ernst zu nehmen. Dieses »Du hast auch recht« mag vielleicht das größte Hindernis für einen dauerhaften Frieden, im Falle dieses Buches aber auch für eine umfassende Darstellung der innerisraelischen Probleme sein.

Natürlich mußte ich beim Schreiben Position beziehen. Bereits der Untertitel dieses Buches ist die klare Vorgabe einer politischen und weltanschaulichen Position, die hier auch klar vertreten wird. Hinter meiner Kritik schimmert jedoch, so hoffe ich, meine Liebe zu Israel hervor. Und das heißt: Ich liebe auch diejenigen, die meinen Überzeugungen widersprechen, weil ihnen allen das Wohl des jüdischen Volkes am Herzen liegt, weil sie alle glauben, daß so und nur so, wie sie sich politisch einbringen, die Sicherheit und die Zukunft des jüdischen Volkes garantiert sind. Mit Ausnahme der Rechtsextremisten, denen die Mittel zum Erreichen dieses Ziels gleichgültig sind, die obendrein den Holocaust als Legitimation ihres teilweise menschenverachtenden Vorgehens mißbrauchen, finde ich bei allen Menschen in Israel immer auch Denkensarten und Beweggründe vor, mit denen ich mich identifizieren kann.

Israel steht derzeit am Rande des Abgrunds. Diesmal nicht wegen der Bedrohung durch seine Nachbarstaaten, sondern aufgrund seiner vielschichtigen inneren Spannungen, die dieses kleine, geschundene Land aufs äußerste erschüttern. Man muß die unterschiedlichen kulturellen Einflüsse berücksichtigen, die auf das jüdische Volk in rund 120 Ländern eingewirkt haben, und die sich nun auf einem winzigen Territorium gebündelt auswirken, um auch nur annähernd zu begreifen, was sich auf diesem Fleckchen Erde eigentlich abspielt.

Gerade deshalb kann diese Reportage nicht ganz frei von Verallgemeinerungen sein. Natürlich gibt es nicht »die Sefardim« oder »die Rechten«, es gibt nicht »die Aschkenasim« oder »die Linken«. Die Vielzahl der Strömungen innerhalb einzelner Gruppierungen ist kaum zu erfassen; jede für sich ist bereits ein unübersichtlicher, verwirrender, aber auch beeindruckender Mikrokosmos. Und doch gibt es bei allen hier vorgestellten Gruppen einen Grundkonsens. Auf diesen jeweiligen gemeinsamen Nenner beziehe ich mich, muß ich mich beziehen, wenn ich dem deutschen Leser Israel auch nur ansatzweise näherbringen möchte. Daß ich dabei so manche ethnische oder religiöse Gruppe unberücksichtigt lassen muß oder nur am Rande erwähnen kann, wie etwa die russischen Immigranten, läßt sich leider nicht umgehen.

Daß dieses Projekt in seiner nun vorliegenden Form überhaupt zustande gekommen ist, verdanke ich ganz besonders Shelly Barkay. Als meine Producerin und Begleiterin erwies sie sich als eine überbordende Informationsquelle, die mich immer wieder aufgrund ihrer vielseitigen Kontakte beeindruckte. Viele Einsichten und Schlußfolgerungen in diesem Buch ergaben sich während unserer stundenlangen Diskussionen, die wir im Auto auf der Fahrt zu den zahlreichen Interviewpartnern führten. Gemeinsam fuhren wir mehrere tausend Kilometer durch das Land und hatten die seltene Möglichkeit, Einblick zu nehmen in eine zutiefst gespaltene und verunsicherte Gesellschaft. Die Monate, die wir gemeinsam in dem kleinen Mietwagen verbrachten, gehören sicher zu meinen intensivsten Erfahrungen der letzten Jahre.

Danken möchte ich aber auch allen Gesprächspartnern, die sich meinen Fragen stellten, die wußten, daß ich aufgrund meiner Weltanschauung in vielen Dingen eine völlig andere Auffassung habe als sie selbst, die sich, im besten Sinne, provozieren ließen, um mir ihre Position darzulegen, die mich aber auch an ihren Sorgen und Ängsten teilhaben ließen, die mir zum Teil – hier selbstverständlich nicht preisgegebene – Einblicke in ihr Innenleben gewährten, die meine Kenntnisse über Israel vertieft haben und mir auch ein größeres Verständnis für die Tragweite der Probleme dieses Landes vermittelt haben.

Diese Gesprächspartner waren: Shulamit Aloni; David Bar-Ilan; Shlomo Benizri, stellvertretender Gesundheitsminister; Asher Ben Natan; Dr. Azmi Bishara, Member of Knesset (MK); Ofer Bernchtein; Roman Bronfman, MK; Josef Burg; Amnon Dankner; Sheikh Abdallah Darwish; Raw Israel Eichler; Raw Benny Elon, MK; Anat Hoffman; Moshe Karif; Raw Benny Katzenson; Prof. Avishai Margalit; Dan Meridor, MK; Ron Nachman; Shimon Peres; Meïr Porush, stellvertretender Wohnungsbauminister; Ron Pundak; Rabbi Shlomo Riskin; Meïr Shalev; Prof. Anita Shapira; Shlomo Vazana; Daniela Weiss; Shaul Yahalom, MK; Ornan Yekutieli; Prof. Yirminyahn Yovel; Prof. Moshe Zimmermann; Zyad Abu Zayyad und viele andere.

Besonderen Dank schulde ich Amy Horowitz, die den Anstoß zu diesem Buch gab, sowie Marieke Schroeder, die häufig der ideale Kontrapunkt zu dem täglichen

Wahnsinn in Israel war. Die intensiven gemeinsamen Augenblicke sind mittlerweile ein unverzichtbarer Bestandteil meiner Israel-Erfahrungen geworden.

Ohne meine Freunde hätte ich dieses Buch nicht schreiben können. Tatkräftig unterstützten mich unter anderen Charlotte Blumenbach, Liana Chaouli, Ori Dasberg, Yochi Fuhrmann, Elisabeth Haverkampf, Yvonne Hoffmann, Yaël Kombor, Lianne Kolf und Janusch Kozminski.

Schön war es auch, während der vielen Monate in Israel mit anzusehen, wie meine Nichte Romy immer mehr in dieses Land hineinwächst.

*Tel Aviv/München, im Dezember 1997*

# Die Siedler

Der Weg von Jerusalem nach Beit-El ist nicht sehr lang; auf spektakuläre Eindrücke wird man während der Fahrt vergebens warten. Und doch wird einem hier das ganze Leid und Elend des Nahostkonflikts bewußt. Wenn man von Tel Aviv über die Autobahn nach Jerusalem fährt, biegt man kurz vor der Einfahrt in die Heilige Stadt nach links ab, in Richtung Ramot, einem relativ neuen Stadtteil von Jerusalem. Die Straße führt durch sterile Wohnviertel, bis ein Schild plötzlich anzeigt, daß man in Richtung Ramallah fährt, obwohl man sich immer noch in Jerusalem befindet. In Jerusalem? Vor einigen Jahren gab es hier, im eroberten Gebiet der sogenannten Westbank, nichts als felsige Hügellandschaft und ein paar arabische Dörfer. Inzwischen sind die arabischen Dörfer längst in die Gemeinde Jerusalem integriert – umringt, eingezäunt und zerquetscht von den Trutzburgen der neuen Stadtviertel, die wohl einzig dem politischen Kalkül entsprangen, arabisches Land möglichst rasch und vollständig unter jüdische Gewalt zu bringen, und deswegen in kürzester Zeit ohne erkennbares städteplanerisches Konzept mitten in die Landschaft hineingestellt wurden. Mit diesen Häusern wurden Fakten geschaffen, mit ihnen wird Politik gemacht. Man diskutiert zwar viel im Nahen Osten, doch mehr noch schafft man Fakten – über die läßt sich dann nur noch schwerlich diskutieren, auch wenn man täglich diskutiert und dies dann »Friedensprozeß« nennt.

Immer noch führt die Straße nach Ramallah durch Jerusalem, lediglich die arabischen Schriftzeichen auf den Schildern der Geschäfte und Tankstellen belegen, daß es sich hier nicht um israelisches Gebiet gehandelt hat. Endlich windet sich die Straße aus Jerusalem heraus, die Häuserberge geben den Blick frei auf eine wilde, weite Landschaft. Hügel, die eher an riesige Geröllhalden gemahnen, dazwischen einige grüne Flecken, ansonsten liegt die Erde wie aufgerissen und verwundet da und gibt den Blick frei auf das Innenleben eines geschundenen Landes: Doch kein Blutrot durchzieht die Hügelfelsen, sondern irritierende Schattierungen von Ocker, Siena, Sepia und Schlamm setzen sich machtvoll gegen den grellblauen Himmel ab. Alles in diesem Land ist kraß, auch die Kontraste. Die frisch geteerte Straße durchzieht die Landschaft wie eine schwarze Schlange: Sie windet sich über Bergkuppen, ignoriert dabei jede natürliche Bewegung der Hügelketten und strebt ihrem Ziel zu mit Gewalt und gegen jeglichen Sinn für Form und Ordnung. So sehen alle Umgehungsstraßen in den besetzten Gebieten aus. Sie wurden in kürzester Zeit gebaut, um als Zubringer den jüdischen Siedlern größtmöglichen Schutz vor arabischen Angriffen zu bieten; vorbei an dichtbesiedeltem arabischem Territorium, vorbei an arabischen Städten, durch die noch vor einigen Jahren die Siedler fahren mußten, um zu ihren künstlichen Heimstätten zu gelangen, bieten die neuen Umgehungsstraßen allerdings nur sehr beschränkten Schutz. Wo Menschen gefährdet sind, da kann man keine Rücksicht auf das Landschaftsbild nehmen. Wo Machtinteressen vertreten werden, da gibt es nur die Frage nach der Effektivität der Maßnahme. Nichts weiter zählt. Das Gelobte Land – es gehört den Juden. Das Gelobte Land – von Gott dem Volke Israel gegeben. Das Gelobte Land – vom Zionismus vor 50 Jahren wiedererobert. Doch niemanden schert das Wohl des Gelobten Landes. Die Umgehungsstraßen sind die Narben auf schwerverwundetem Boden…

Die Schlangenstraße führt nach einer Weile durch einige belanglose arabische Dörfer, um sich schließlich zu gabeln: Links geht es ab nach Ramallah, der Hamas-Hochburg, in der es regelmäßig zu gewalttätigen Auseinandersetzungen zwischen Palästinensern und schwerbewaffneten israelischen Soldaten kam, die sich in solchen Augenblicken weit weg wünschten von der verfluchten Stadt. Rechts führt die Straße nach Beit-El, dem heiligen Ort der Bibel, wo vor rund 4000 Jahren Jakob seinen eindrucksvollen Traum mit der Himmelsleiter hatte. Beit-El: Zum Dank für das göttliche Zeichen baute Jakob dort einen kleinen steinernen Altar, der an das Wunder jener Nacht erinnern sollte. Heute steht vor dem Eingang zur Siedlung Beit-El ein steinernes Mahnmal zum Gedenken für einen an dieser Stelle von Hamas-Terroristen ermordeten jüdischen Siedler. Die Bewohner von Beit-El haben es aufgestellt. Über diesem Denkmal: Straßenschilder, die, wie überall in Israel, auf Hebräisch, Arabisch und Englisch die Richtung angeben. Die arabischen Zeilen sind mit schwarzer Farbe übersprüht worden, ein unauffälliges, kleines und doch gewalttätiges Zeichen des Hasses.

Die Einfahrt zur Siedlung wird durch eine Schranke und eine bewaffnete Wachmannschaft gesichert. Jede Siedlung in der Westbank hat solch eine Einfahrt – ein augenfälliger Hinweis auf den Ausnahmezustand, in dem die Siedler leben, selbst wenn das keiner zugeben würde.

Die Straßen der Siedlung sind links und rechts üppig bepflanzt. Palmen, Obstbäume, und immer wieder Bougainvilleen vermitteln dem Besucher den Eindruck, er befände sich inmitten einer Idylle. Die böse Welt des Hasses und des Kampfes: Sie ist draußen vor den Toren. Hier drinnen ist nichts als Frieden und Freundschaft, nichts als Gläubigkeit und Gottesfurcht.

Das Reihenhaus von Raw Benny Elon befindet sich am Ende eines kleinen, ansteigenden Fußweges. Die Frontmauer wird von einem alles überragenden, tiefvioletten Bougainvillea-Strauch bedeckt, Benny Elons ganzer Stolz. Das Innere des Hauses gleicht den Wohnungen fast aller Siedler: ein kühlender Steinboden, unaufwendige Möbel, in der Mitte des Wohnzimmers ein einfacher Tisch mit einigen Stühlen. Man hat sich eingerichtet in der Westbank, dennoch wirkt alles immer noch provisorisch. Raw Elon ist ein gebildeter Mann. An den Wänden reihen sich hohe Regale mit religiösen Schriften, aber auch einige Werke der modernen Literatur stecken zwischen den rabbinischen Schriften, und sogar die Texte eines Yeshayahu Leibowitz, des vor einigen Jahren verstorbenen Religionsphilosophen aus Jerusalem, der die Siedlerbewegung als faschistisch bezeichnete und ihr entschiedenster Gegner war, haben in diesen Regalen ihren Platz.

Elon ist einer der führenden Köpfe der Siedlerbewegung. Als Sohn eines Düsseldorfers im Jerusalemer Stadtteil Rehavia aufgewachsen – dort, wo sich viele Jeckes in den zwanziger und dreißiger Jahren niedergelassen hatten –, genoß Elon eine ausgefeilte religiöse und intellektuelle

Erziehung. Martin Buber und Gerschom Scholem waren Nachbarn, Deutsch war in Rehavia die Sprache der Straße. Elon kann kaum noch Deutsch, spricht aber fließend Englisch; er hat europäische Manieren und ist überaus höflich. Seine grauen Haare und der graumelierte Bart lenken die Aufmerksamkeit des Betrachters auf seine dunklen, fröhlichen Augen. Er ist ein großer Mann, etwas beleibt, und scheint keiner Fliege etwas zuleide tun zu können. Und doch ist er ein Siedlerrabbiner der Gusch-Emunim-Bewegung, des »Blocks der Getreuen«. Gusch Emunim war die ideologische Vorhut der Siedlerbewegung Ende der sechziger, Anfang der siebziger Jahre, die sich der Erfüllung der messianischen Lehren des Rabbiners Abraham Jitzchak Hakohen Kook, des ersten aschkenasischen Oberrabbiners Palästinas von 1921 bis 1935, verschrieben hatte. Der Sohn jenes Rabbi Kook, Rabbi Zwi Jehuda Kook, wurde der spirituelle Mentor von Gusch Emunim. Die Bewegung stellt eine große Zahl der heutigen Siedler in der Westbank, die von ihnen, nach biblischem Vorbild, Judäa und Samaria genannt wird. Sie weigern sich, »die befreiten Gebiete« jemals wieder zu verlassen. Der ältere Raw Kook hatte der zionistischen Idee mit seinen messianischen Vorstellungen große Unterstützung geliefert. Kook betonte die mystische Einheit des Landes und des Volkes. Denn nur in Israel wäre eine vollständige Einheit zwischen dem Volk und der Thora, seiner Lehre, möglich. Sein Sohn sah in der 1967 vollzogenen Eroberung Judäas und Samarias, wo sich der überwiegende Teil der biblischen Geschichte abgespielt hatte, den nächsten Schritt auf dem Wege zur Erlösung des jüdischen Volkes. Damit sprach Raw Kook dem Staat Israel eine gewisse Heiligkeit zu und theologisierte mithin die israelische Politik. Die Rückgabe der besetzten Gebiete stellte ihm zufolge nicht nur die territoriale Sicherheit Israels in Frage, sie lief darüber hinaus auf einen Verrat an dem göttlichen Auftrag des jüdischen Volkes hinaus. Daß Eretz Jisrael, das Land Israel, Eigentum des jüdischen Volkes sei, das war für Raw Kook ein Recht jenseits der Historie. In einem 1974 veröffentlichten Artikel mit dem Titel »Erklärung an die Welt« heißt es: »Alle Völker der Erde sollen erkennen, daß dieses Land vollständig uns gehört und daß es auch in seinen einzelnen Teilen unveräußerlich ist.« Alle Völker hörten, doch anerkennen wollten sie diesen Anspruch deswegen noch lange nicht, am allerwenigsten die palästinensischen Bewohner des Landes.

»Religion ist nicht Meditation, irgendein metaphysisches Erleben. Für die Christen mag es nur den Begriff des ›himmlischen Jerusalem‹ geben. Für uns Juden ist das anders. Wir wollen eine Verbindung des himmlischen und des irdischen Jerusalem.« Benny Elon mag nicht lange um den heißen Brei herumreden. Für ihn ist die Diskussion um die Rechtmäßigkeit der Siedlungen reine Zeitvergeudung. Und wenn man sich in seinem kleinen Städtchen umsieht, versteht man, warum. Wer soll diese Familien aus ihren Häusern vertreiben? Die in Windeseile errichteten Siedlungen haben mittlerweile eine gewachsene Infrastruktur, die nicht mehr ohne weiteres zu zerstören ist. Die Siedlungspolitik, von der Arbeiterpartei aus militärischen Sicherheitserwägungen begonnen und später von Menachem Begin als national-religiöses Anliegen vorangetrieben, ist ein voller Erfolg. Selbst wenn eine israelische Regierung wollte, es wäre mittlerweile unmöglich, den Palästinensern die ganze Westbank zurückzugeben.

Als Shimon Peres noch Ministerpräsident war, ließ er seinen engsten Mitarbeiter Jossi Beilin, eine der führenden »Tauben« der Arbeiterpartei, zusammen mit palästinensischen Kollegen einen Plan erarbeiten, wie ein definitiver Rückzug aus der Westbank zu bewerkstelligen sei. Auch Beilin mußte sich den Tatsachen beugen: Die vor allem rings um Jerusalem gebauten Siedlungen liegen alle so dicht beieinander, daß da nichts zurückzugeben ist. Was auf der Landkarte verständlich wird, muß man einmal mit eigenen Augen gesehen haben: In Samaria wie in Judäa, wohin das Auge reicht, sieht man in alle Himmelsrichtungen von einer Bergkuppe zur nächsten die aufdringlichen Silhouetten der Siedlungshäuser mit ihren ziegelroten Dächern, die eher in eine bayerische Voralpenlandschaft passen würden als in dieses wilde, biblische Ödland. Wie aufgeplatzte Pickel zerstören sie das Antlitz der Westbank, ganz im Gegensatz zu den unaufdringlichen Dörfern der Araber, die mit der Landschaft verwachsen sind. Deren quadratische Bauten aus grauem Stein mit den einfachen Flachdächern wirken äußerst bescheiden. Sie fügen sich in die Natur ein, passen sich den Formationen der Berge und Hügel an, schmiegen sich zärtlich an die Anhöhen und zeugen damit von der Verbundenheit ihrer Bewohner mit der Umgebung.

Ganz anders der Charakter der Siedlungen: Die strategische Überlegung, immer auf einer Bergspitze liegen zu müssen, um die Gegend darunter kontrollieren zu können, verleiht den Siedlungen diese aggressive Ausstrahlung, die ironischerweise auch dem wohlwollendsten Betrachter klarmacht, daß hier eine brutale Eroberung stattgefunden hat – eine Vergewaltigung, eine Mißhandlung des Landes. Dem Unwissenden mag es merkwürdig erscheinen, daß ausgerechnet die erklärten Liebhaber des Gelobten Landes, diese fanatischen Siedler, für die die Besiedlung des Landes, das Gott dem Volk Israel zugesprochen hat, eine heilige Pflicht ist, daß diese Menschen keinerlei Sinn für die Natur zu haben scheinen. Aber es geht hier nicht um Natur, sondern um Land. Nicht die romantische Verehrung eines pantheistischen Naturbildes bewegt die Siedler, sondern die Erfüllung eines angeblich göttlichen Auftrages, sich das Land, das Territorium, diesen Landstrich für das auserwählte Volk Untertan zu machen, um die merkwürdige, fast einzigartige Trias des jüdischen Glaubens dingfest zu machen. Das gleichschenklige Dreieck Volk – Land – Gott ist das geometrische Bild einer intakten Welt, wie sie sich in ihrer Perfektion allen Völkern schließlich mitteilen wird, dann nämlich, wenn der Messias am Ende der Tage erscheinen wird und die Erlösung endlich stattfinden kann. Zweitausend Jahre gelang es dem religiösen Judentum, diese Trias mehr und mehr zu vergeistigen: Die Sehnsucht nach Zion stand für das konkrete Land, stand für das reale Eretz Jisrael. Zwei Abstrakta, Gott und Zion, reichten in den Zeiten der Diaspora völlig aus, um das heilige Gleichgewicht des Dreiecks zu bewahren. Ausgerechnet der als säkulare Bewegung enstandene Zionismus hat diese geistige Leistung zunichte gemacht. Jetzt mußte es schon das konkrete Stück Land sein, das das Überleben des Judentums garantieren sollte. Ein Quantensprung: Es ging den frühen Zionisten, den säkularen Juden aus Osteuropa, eben nicht mehr um das Überleben des Judentums, sondern um das Überleben der Juden, der Menschen. Die religiöse Version des Zionismus, die zwar ebenfalls schon früh aufkam, doch erst in unseren Tagen politisch eine immer gewichtigere Rolle spielt, benutzte diesen Paradigmenwechsel auf ihre Weise, um das Überleben des Judentums mit dem Überleben des jüdischen Volkes auf neue Art zu verbinden. Die Shoah gibt diesen Menschen nur allzu offensichtlich recht.

»Dieses private Haus beschützt Israel, es verhindert einen Palästinenserstaat. Für mich ist das auch ein Stück Religion. Denn nichts ist wichtiger als die Erhaltung jüdischen Lebens. Das ist für mich der tiefgründigste Punkt der gesamten jüdischen Theologie!«

In wenigen Sätzen umreißt Elon dieses simplizistische Weltbild des ideologischen Siedlers. So wie Elon in seinem wunderbar gepflegten Garten sitzt, wirkt sein großartiges Statement irgendwie albern. Man mag diesem freundlichen Herrn in dieser friedlichen Atmosphäre einfach nicht glauben, daß er in diesem Augenblick, während er genüßlich seinen Nescafé schlürft, die Existenz des jüdischen Volkes garantiert. Wenn da nicht in regelmäßigen Abständen der Pistolenlärm eines nahegelegenen Schießübungsplatzes der israelischen Armee die Sätze des Rabbis unterstreichen würde, wäre man versucht, ihn als einen Phantasten und Spinner zu bezeichnen. Elon ist indes alles andere als das. Als Vertreter seiner Partei, der »Moledet«, sitzt er als Abgeordneter in der Knesset. Sein Parteivorsitzender ist Rehavaam Ze'evi, allgemein nur »Gandhi« genannt. Doch anders als der friedfertige Revolutionär aus Indien ist der israelische Gandhi einer der extremsten Hardliner der israelischen Rechten. Nichts weniger als die Übersiedlung aller Palästinenser aus der Westbank nach Jordanien fordert Gandhi. Für diesen Mann sitzt Elon im Parlament. Und er scheint Kreide geschluckt zu haben, wenn er seufzend meint, er würde ja nur allzugern mit den Palästinensern zusammenleben, diese würden ihm jedoch keine Wahl lassen.

Für Männer wie Elon besteht die Welt nur aus zwei Sorten Menschen: Juden und Feinden der Juden. Auch im fünfzigsten Jahr der Existenz des jüdischen Staates steht für die ideologisch motivierten Siedler noch keineswegs fest, daß dieser Staat endgültig ist, daß er also überleben wird. Das Weltbild dieser Menschen ist in erster Linie von Angst geprägt. Die Bilder aus den Fernsehnachrichten zeigen vorzugsweise die bärtigen Männer mit ihren gehäkelten Kippot und dem Maschinengewehr um die Schulter: äußeres Bild des religiösen Machos, vor dem einem angst und bange werden kann. Sie schießen tatsächlich, diese Siedler. Sie schießen auf alles, was ihnen zu nahe kommt, zu bedrohlich ist; sie schießen auf Palästinenser und haben die Westbank in einen neuen Wilden Westen verwandelt. Viele von ihnen stammen aus den USA. Meistens sind es Juden aus Brooklyn, die ihre Religion plötzlich wiederentdecken und sich von missionarischen Rabbinern in New York in den fundamentalistischen Dogmatismus hineinziehen lassen. »The search of meaning and the persuit of happiness«, diese überaus amerikanische Suche nach Sinn und Glück im Leben, diese sentimentale Seite in den US-jüdischen Seelen scheint durch die Besiedlung der Westbank empfindlich angerührt zu werden. Der Bezug zu einer jahrtausendealten Geschichte, die Pionierarbeit, die durch die wirtschaftliche und militärische Eroberung des Landes geleistet wird, das Recht des einzelnen auf die Verteidigung seines Lebens, seiner Familie, seines Besitzes – aus diesen Ingredienzien schuf die Traumfabrik Hollywood den Mythos, dem sich die Amerikaner bis heute verpflichtet fühlen. Aus diesen Ingredienzien schafft sich Gusch Emunim aber auch die romantische Legitimation für seinen expansionistischen Habitus. Es ist kein Zufall, daß die Siedler sich als rechtmäßige Nachfolger der Chaluzim verstehen, der Pioniere der frühen zwanziger Jahre, die seinerzeit eine Vorbildfunktion für alle Zionisten erfüllten.

Der Zionismus hatte sich einst als eine völlig säkulare Bewegung formiert. Dem Wunsch, eine Lösung gegen den wachsenden Antisemitismus im Europa des ausgehenden 19. Jahrhunderts zu finden, entsprang die Vision des assimilierten österreichisch-ungarischen Journalisten Theodor Herzl, einen Judenstaat zu schaffen. Diese Mischung aus europäischem Nationalismus und jüdischem Volksbegriff hatte ursprünglich keinerlei religiöse Tendenz, im Gegenteil. Herzl strebte stets nach einem Staat mit demokratischen und pluralistischen Strukturen, wie man heute sagen würde.

Daß der Zionismus vor allem bei den osteuropäischen Juden so gut ankam, lag zum einen an den gemessen an Westeuropa wesentlich schlimmeren Lebensbedingungen der jüdischen Bevölkerung in Osteuropa, zum anderen aber auch daran, daß das traditionellere Ostjudentum die biblische Idee des Am Jisrael, des jüdischen Volkes, nicht zugunsten einer Integration in die nichtjüdische bürgerliche Gesellschaft aufgegeben hatte. In Deutschland kam in der zweiten Hälfte des 19. Jahrhunderts der »deutsche Staatsbürger jüdischen Glaubens« auf, oder – wie Spötter kalauerten – der »jüdische Deutsche bürgerlichen Glaubens«. Diese Abkehr von der Vorstellung, die Juden seien ein Volk, war ein spätes Resultat der jüdischen Emanzipation in der Nachhut der Französischen Revolution und der westeuropäischen Aufklärung. Diese Entwicklungen konnten sich in Osteuropa gar nicht oder nur zögernd durchsetzen.

Der Einfluß des Sozialismus auf die überwiegend russischen Chaluzim bewirkte, daß die zionistische Idee sich ganz dem Aufbau des Landes, der Arbeit mit den Händen verschrieb. Die körperliche Arbeit, der buchstäblich direkte Kontakt mit dem Gelobten Land, sollte auch den neuen Typus des Juden schaffen; einen Menschen, der vor Kraft strotzte, der seine Scholle bebaute, der braungebrannt das Image des bleichen Ghettojuden, der im trüben Licht einer Petroleumlampe die heiligen Schriften studierte, abschüttelt – dies war das Ideal des sozialistisch geprägten Zionismus, dessen weltweit bekanntestes »Produkt« die Kibbuz-Bewegung war.

Die sozialistisch orientierten Chaluzim also machten das Land urbar. Unter schwierigsten klimatischen und wirtschaftlichen Bedingungen eroberten sie Stück für Stück den Boden Israels. In dieser Tradition sieht sich die rechtsgerichtete Siedlerbewegung von heute. Ihren Vordenkern zufolge setzten die Siedler die Arbeit der Pioniere fort; sie seien die wahren Pioniere von heute – und nicht die bereits leicht dekadenten, säkularen Bewohner von Tel Aviv.

Daß die politischen Voraussetzungen gestern und heute grundsätzlich andere sind, interessiert die Siedler nicht. Damals gab es noch keinen Staat, er sollte ja aufgebaut werden. Heute gibt es den Staat Israel, doch die Siedler tun so, als ob es ihn nicht gäbe. Sie akzeptieren ihn nicht als jüdische Entität, sondern agieren im Grunde gegen ihn – gegen seine Interessen, gegen seine Sicherheit; obwohl diese Sicherheit das Hauptanliegen aller Benny Elons ist. »Glauben Sie denn wirklich, daß wir hier bereits alles erreicht haben? Sind wir denn wirklich ein unabhängiges, souveränes Volk? Wirtschaftlich und militärisch sind wir von den USA abhängig; unsere Wirtschaft benötigt Investitionen aus dem Ausland, und nach wie vor leben wir in einer Umgebung von 250 Millionen Feinden, die nichts lieber sähen als den Untergang des jüdischen Staates.«

Was die Argumentation Elons so überzeugend macht, ist das Prinzip, das ein jüdischer Witz folgendermaßen kommentiert: Kommt ein alter Jude zum Arzt. Der untersucht ihn gründlich und will ihn schließlich beruhigen, daß er nichts Ernstes hat: »Sie leiden lediglich an Paranoia, an Verfolgungswahn.« »Das kann schon sein«, erwidert ihm der Jude, »aber was soll ich machen, wenn sie trotzdem alle hinter mir her sind?«

Ursache und Wirkung sind im Nahostkonflikt eine unendliche Geschichte. Es kommt nicht nur auf den Standpunkt an, sondern auf den zeitlichen Ansatz, den man dem Konflikt zweier Völker aufdrücken will. Begannen die Probleme von 100 Jahren? Oder vor 1000, gar vor 4000 Jahren mit Jitzchak und Jischmael? Begannen sie mit der Errichtung des Jischuws, der Balfour-Deklaration, der Shoah, dem Abzug der britischen Mandatsmacht oder mit der Errichtung des jüdischen Staates? Vielleicht begannen die Probleme ja auch erst 1967, nach dem Sechs-Tage-Krieg? Wer in Angst lebt, der wird sich an solchen Kleinlichkeiten nicht aufhalten. Er wird immer das zusätzliche Argument heranziehen, das seiner Weltanschauung recht zu geben scheint. Wer in Angst lebt, will und muß recht behalten, damit er überlebt. Wer in Angst lebt, kann die Angst des anderen nicht nachvollziehen. Sie würde die seinige nicht nur relativieren, sondern wäre eine noch größere Bedrohung, da sie nicht anerkannt, sondern lediglich als hinterhältige Taktik interpretiert würde, um die Auslöschung der eigenen Person, der eigenen Existenz, des eigenen Volkes zu beschleunigen.

Wie alle Siedler der Gusch-Emunim-Bewegung beruft sich auch Benny Elon auf das unveräußerliche Recht, das die Bibel angeblich dem jüdischen Volk auf Eretz Jisrael gibt. Wo Gott ins Spiel kommt, gibt es keinerlei Basis für ein vernünftiges Gespräch unter Menschen. Was sind schon die Rechte des anderen wert, wenn doch Gott angeblich den Juden gesagt hat, daß sie alles Recht der Welt hätten?

Nun gehört Elon einer kleinen, scheinbar unbedeutenden Partei an, die obendrein nicht in der Regierungsverantwortung steht. Doch sich auf göttliches Recht berufendes Gedankengut findet sich auch innerhalb der Koalition des Benjamin Netanyahu.

Es ist hier vor allem die Mafdal, die Nationalreligiöse Partei, die ideologisch den Siedlern nahesteht. Schon in den frühen Zeiten der zionistischen Bewegung hatte sich die damals noch Misrachi genannte nationalreligiöse Vereinigung den Zielen der säkularen Zionisten angeschlossen und – anders als die ultraorthodoxen Parteien – den Zionismus als Schritt in die richtige, religiöse Richtung akzeptiert. Man wußte durchaus, daß der Zionismus einen säkularen Staat sozialistischer Prägung schaffen wollte, der so gar nichts mit den theologischen Ansprüchen auf Eretz Jisrael zu tun hatte. Diese schon vor der Staatsgründung getroffene Unterscheidung zwischen einem »Staat der Juden« und einem »jüdischen Staat« ist heute aktueller denn je, denn der mittlerweile aggressiv gewordene Kulturkampf zwischen den unterschiedlichen Kräften in Israel geht eben um die endgültige Klärung jener Frage, was denn nun dieses merkwürdige Gebilde namens Israel eigentlich ist.

Wie heilig ist Israel? Selbst die hartgesottensten Agnostiker unter den Juden können sich parareligiöser Gefühle kaum erwehren, wenn sie auf Israel zu sprechen kommen. Der Umstand, daß ein Volk, das zweitausend Jahre heimatlos gewesen ist, wieder in seine angestammte Heimat »zurückgekehrt« ist, daß es sich trotz eines massiven Kräfteungleichgewichts in fünf Kriegen hatte behaupten können, sich kulturell, wirtschaftlich und politisch etabliert hat und aus dem weltpolitischen Geschehen nicht mehr wegzudenken ist, grenzt schon an ein Wunder. Ob dies nun gerade ein göttliches Wunder ist, sei dahingestellt. Auf alle Fälle ist die Rückkehr der Juden nach Zion in der Menschheitsgeschichte ein wohl einmaliger Fall. Für die religiösen Kräfte innerhalb des Judentums bedeutete der Zionismus seit seinen Anfängen eine enorme Herausforderung. Nach jüdischem Glauben dürfte ein neuer Staat erst dann entstehen, wenn am Ende der Tage der Messias käme. Und solange der Erlöser nicht erscheint, haben – der Tradition zufolge – Juden kein Recht, das Rad der Geschichte selbständig weiterzudrehen; sie haben also kein Recht, einen jüdischen Staat zu gründen. Mit ihrem Anspruch verließen die frühen Zionisten also traditionelles Terrain und bereiteten eine Revolution innerhalb des Judentums vor: Nicht nur, daß diese Idealisten an eine jüdische Identität und Existenz außerhalb des Religionsgesetzes glaubten, sie wollten obendrein eine rein jüdische Identität schaffen, die sich von den ehernen Prinzipien der Religion deutlich absetzte. Entsprechend waren auch die ersten Reaktionen religiöser Kräfte innerhalb des europäischen Judentums. Zionis-

mus, das war nahezu Blasphemie. Mehr gab es dazu nicht zu sagen, bis 1917 die Balfour-Deklaration das geistige Bollwerk der Orthodoxie ein erstes Mal erschütterte. Der britische Außenminister Lord Balfour hatte in jener Erklärung das Recht des jüdischen Volkes auf eine nationale Heimstätte in Palästina anerkannt. Nachdem nun zum ersten Mal von offizieller nichtjüdischer Seite die zionistische Idee anerkannt wurde, mußten sich auch die Religiösen Gedanken machen. Konnte es tatsächlich sein, daß der Zionismus einem göttlichen Plan entsprach? Bei aller Unsicherheit, eines war ja klar: Das Schicksal des einzelnen und der Menschheit, das hatte Gott in der Hand. Konnte es also tatsächlich sein, daß Gott ausgerechnet diese Gottesleugner, diese Übertreter der Halacha, des göttlichen Gesetzes, zu seinen Handlangern machte? Man einigte sich auf ein klares »Jein«; es blieb gar nichts anderes übrig, als die reale Situation anzuerkennen, dennoch konnte sie den Grundfesten des Glaubens immer noch nicht wirklich etwas anhaben. Schließlich lag 1917 die Gründung eines jüdischen Staates noch in weiter Ferne. Als dann aber ausgerechnet zwei der herausragendsten rabbinischen Persönlichkeiten der osteuropäischen Orthodoxie ihr Leben vor den Schergen Hitlers retten konnten, indem sie sich nach Palästina absetzten, wo damals bereits der Jischuw existierte, bedeutete dies einen weiteren Knacks im theologischen Gefüge der Frommen, auch wenn sie – bis in die fünfziger Jahre – den Zionismus direkt für die Shoah verantwortlich machten. Die Ermordung von sechs Millionen Juden durch die Deutschen sei die Strafe Gottes gegen den zionistischen Plan gewesen …
Die Anhänger der Misrachi-Bewegung sahen dies ein we-

nig anders. Sie konnten sich rasch an diesen göttlichen Plan gewöhnen, daß ausgerechnet areligiöse Juden einen jüdischen Staat schaffen sollten. Gottes Wege sind wundersam, warum soll er sich nicht der Zionisten für seine Pläne bedienen? Schließlich läßt sich ein nichtreligiöser Staat durchaus im Laufe der Zeit in einen theokratischen Staat umwandeln. So absurd diese Idee sein mag, bis heute haben die Mitglieder von Mafdal diesen Gedanken nicht aufgegeben. Und so mag es nicht weiter verwundern, daß der schwergewichtige Mafdal-Abgeordnete Shaul Yahalom ausgerechnet in den Räumen der Knesset, des demokratisch gewählten israelischen Parlaments, voller Überzeugung verkündet: »Wir glauben, daß der Staat Israel gottgewollt ist. Gott will den Zionismus, er erhält den Staat Israel, und irgendwann in der Zukunft werden wir in diesem Staat den dritten Tempel bauen. Wir beten und hoffen, daß dieser Tag möglichst bald kommen wird.« Den dritten Tempel bauen – was hier wie die lapidare Ankündigung eines Bauvorhabens klingt, ist in Wirklichkeit von äußerster politischer und theologischer Brisanz. Nicht genug, daß der Dritte Tempel – nach dem Salomonischen und dem Herodianischen – das uralte Heiligtum der Juden wiederherstellen würde, und zwar auf dem Tempelberg, eben dort, wo die beiden ersten Tempel auch standen und wo sich das »Allerheiligste« befindet, jener spirituelle Raum, in dem die weibliche, irdische Emanation Gottes weilt, die Schechinah; nicht genug, daß der Dritte Tempel nach der Prophezeiung vom Messias errichtet wird; nicht genug, daß sich auf diesem Tempelberg heute die drittheiligste Stätte des Islam befindet, die Al-Aksa-Moschee und der Felsendom – nein, mit diesem irrationalen Wunsch, den Bau des Tempels quasi als Höhepunkt des jetzigen säkularen, demokratischen Staates Israel zu verstehen und damit gleichzeitig seine Umwandlung zum endgültigen Gottesstaat in einer neuen, anderen Zeit zu befürworten, wird nicht nur politischer Willkür Tür und Tor geöffnet, sondern es wird auch das Judentum, so wie es heute existiert, ad absurdum geführt. Denn natürlich müßten dann wieder die Tieropfer der biblischen Zeit eingeführt werden, und man stelle sich Herrn Yahalom vor oder auch seinen Parteifreund, den früheren Religionsminister Josef Burg, wie sie im rituellen Gewand dem lieben Gott ein erschrocken quäkendes Zicklein oder ein kleines, vor Schreck gelähmtes Lämmchen opfern!

Wie modern, wie aufgeklärt wirkt Rabbi Jochanan Ben Sakkai im Vergleich zu diesen religiösen Träumern des 20. Jahrhunderts. Als die römischen Legionen im Jahre 70 d. Z. die jüdische Souveränität in Israel aufhoben und den Tempel von Jerusalem endgültig vernichteten, sah dieser kluge Rabbi ein, daß man neue Wege einschlagen müsse. In Jabne gründete er mit Genehmigung der römischen Machthaber eine kleine Religionsschule, die der Ausgangspunkt des heutigen Judentums werden sollte. Das zentrale Heiligtum gab es nicht mehr. Die Priesterschaft und die Leviten waren ihrer Funktionen beraubt, das jüdische Volk wurde in alle vier Himmelsrichtungen ins Exil vertrieben. Was war zu tun? Wie konnten das Volk und der Glaube überleben? Rabbi Jochanan Ben Sakkai war es, der das Judentum in seiner heutigen Form auf der Basis der Thora weiterentwickelte. Anstelle des Tempeldienstes schuf er die Synagogengemeinschaft, die aus mindestens zehn Männern bestehen mußte, um, wie er es definierte, dieselbe Heiligkeit zu schaffen wie der

Tempeldienst. Die Schechinah Gottes weilte nun nicht mehr allein auf dem Tempelberg, sondern sie ging mit den Juden ins Exil. Und überall dort, wo mindestens zehn Männer miteinander beteten, da war und ist – bis heute – auch die Schechinah zugegen. Das Gebet rückte in das Zentrum jüdischer Gläubigkeit und ersetzte somit den Dienst der Priester mitsamt den Tieropfern im Tempel. Alternativen wurden erfunden, abstrakte Formen des Gebets und der Rituale, die nach und nach die alten Gottesdienste in Vergessenheit geraten ließen, zumindest im alltäglichen Leben. Denn natürlich glaubte oder hoffte man, daß eines Tages der Tempeldienst wieder eingeführt werden könne. Die Riten und Praktiken des Tempeldienstes wurden in der Thora und natürlich auch im Talmud tradiert und studiert. Doch im Judentum verlor im Laufe der Jahrhunderte der Glaube an die Errichtung eines neuen Heiligtums in Jerusalem immer mehr sein Fundament; er verkümmerte zu einer messianischen Hoffnung, die das normale Dasein des Juden nicht weiter berührte, selbst wenn der Messias immer »heute« kommt. »Heute«, das bedeutet für den Gläubigen, alles in seiner Macht Stehende zu tun, um durch gute Taten und das Erfüllen der Mitzwot, der Gebote, die Ankunft des Messias zu beschleunigen. Dieses »Heute« hatten in den achtziger Jahren einige angeblich religiöse Menschen im völlig irdischen Jerusalem etwas zu wörtlich genommen. Die israelische Polizei konnte gerade noch im letzten Moment eine Terrorgruppe zerschlagen, bevor sie die Al-Aksa-Moschee und den Felsendom sprengen konnte, damit der Messias endlich kommen und sein Werk als himmlischer Architekt erfüllen könne. Bis heute sorgt eine kleine Gruppe wirrer Juden für Aufregung, weil sie regelmäßig in Richtung des islamischen Heiligtums marschiert, um endlich den Grundstein für die Errichtung des Tempels zu legen. Als sie dies das letzte Mal tat, starben mehr als 25 Menschen. Die islamischen Gläubigen fühlten sich dermaßen provoziert, daß sie betende Juden am Kotel, an der »Klagemauer«, von oben mit Steinen bewarfen. Die israelische Polizei stürmte daraufhin den Tempelberg und erschoß in einer Blitzaktion ein paar Dutzend Palästinenser. Ob sich der Messias so seine Ankunft auf Erden vorstellt?

Wie ist es zu verstehen, daß Männer vom Schlage eines Josef Burg sich in der Mafdal und in anderen Parteien und Organisationen vereinigen, um die Religion ihrer abstrahierenden Kraft, dieser enormen geistigen Leistung des Judentums, zu berauben und sie zurückzuversetzen in eine Art Paganismus? Der heute 88 Jahre alte Josef Burg stammt aus Dresden, aus einer zionistisch-religiösen Familie. Wie fast alle deutschen Juden seiner Generation ist er ein Opfer des Holocaust, und natürlich ist er auch ein Befürworter eines jüdischen Staates. Mit beinahe bewundernswerter Naivität doziert er über das religiöse Recht, in der Westbank zu siedeln. Und mit seiner mitteleuropäischen Gewitztheit mokiert er sich über Namen, Bezeichnungen und Formulierungen, die immerzu Programm sind.

»Was wollen Sie mit einem Begriff wie ›Westbank‹ anfangen«, erklärt der freundliche Jecke, der auch bei 35 Grad im Schatten noch im dunklen Anzug und Krawatte dasitzt. »Westbank, als Westufer wovon? Vom Jordan, gut. Aber haben sie irgendwo auf der Welt schon mal gehört, daß ein Ufer mehrere fünfzig Kilometer breit ist? Das ist doch lächerlich. Was die Palästinenser und die Welt als Westbank bezeichnen, ist doch so gar nicht existent.«

Auch den Einwurf, daß die Palästinenser diesen Landstrich keineswegs als Westbank, sondern als Teil Palästinas verstehen, läßt der alte Mann, leicht unwirsch inzwischen, nicht gelten. »Wissen Sie denn nicht, was Palästina heißt? Philisterland! Und das wiederum ist eine Erfindung der Römer! Die Palästinenser beziehen ihre angebliche nationale Identität aus einer Definition der Römer!« Burg scheint zu triumphieren, der Landstrich, um den derart gekämpft und gestritten wird, heißt also doch, ganz biblisch, Juda we Schomron, Judäa und Samaria.

War es nicht – einmal mehr – der große, wunderbare orthodoxe Religionsphilosoph Yeshayahu Leibowitz, der vor solchen Sprachregelungen gewarnt hatte? Der darauf hingewiesen hatte, daß vor den hebräischen Bezeichnungen Juda und Schomron die Kaananiter wohl auch irgendwelche Namen für diesen einzigartigen, traumhaft schönen Landstrich geprägt hatten? Aber da war ja die Sache mit Gott und seinem Geschenk an das auserwählte Volk. Das war der große Unterschied, der selbst aufgeklärte Männer wie Josef Burg zu politisch-träumerischen Desperados werden läßt.

Das messianische Element im modernen Israel hat sich inzwischen zu einem bedrückenden Kult entwickelt. In der Nähe des Kotel gibt es mittlerweile ganze Gruppen, die sich mit Inbrunst dem Studium des Tempeldienstes widmen, um bereit zu sein, wenn der Messias kommt und sein großartiges Werk verrichtet wird. In kühlen, dunklen Gewölben sitzen Frauen daran, nach den Vorschriften aus der Thora die rituellen Gewänder der Cohanim und der Leviten zu nähen und kunstvoll zu besticken. Angeblich bereiten sich Tag und Nacht Eiferer aus der Kaste der Cohanim bereits auf ihre Aufgabe im Tempeldienst vor, der

Moment ist ja gleich da, jetzt, sofort – »heute« kommt der Maschiach!

Die Nachricht war tatsächlich eine Schlagzeile wert, daß es endlich gelungen ist, eine rote Kuh zu züchten, den roten »Heifer«, die man doch für die Tempelrituale unbedingt braucht. Allerdings stand in der Zeitung nichts darüber, wie man das arme Vieh am Leben erhalten wollte, falls sich der Messias vielleicht doch ein wenig mehr Zeit mit seiner Ankunft in Jerusalem lassen sollte, als so mancher Gläubige vermutet.

Aberglauben und Wunder haben Hochkonjunktur in Israel. Sie zeugen nicht nur von einer zunehmenden Verflachung und Aushöhlung des Glaubens, sondern sind im Grunde erschütternde Zeugnisse für die völlige Verunsicherung, die die politische Lage in weiten Kreisen der israelischen Bevölkerung erzeugt. 100 Jahre Kampf, Krieg und Haß, 100 Jahre Angst, 100 Jahre Mißtrauen und ein Leben, das sich auf keinerlei Zukunft einlassen kann, weil man nicht einmal weiß, ob das Morgen noch existiert. Wen wundert's, daß man sich angesichts solcher Aussichten gerne auf höhere Kräfte verlassen möchte?

Da mutet es beinahe wie ein Wunder an, daß Benny Elon sich durchaus zur Demokratie bekennt. Der fundamentalistische Siedlerrabbiner hat, anders als viele seiner Kollegen, verstanden, daß nur eine Demokratie die Existenz des Staates Israel garantieren kann. Ein halachischer Staat, also ein Staat, der das Religionsgesetz zum Staatsgesetz macht, ist nicht seine Sache. Dafür möge dann wirklich eines Tages der Messias sorgen, wenn es denn soweit ist.

Das pluralistische Prinzip überzeugt Elon. Ja, er geht sogar soweit – und damit ist er in seinen Kreisen ein Revolutionär –, daß er eine völlige Trennung von Staat und Synagoge fordert. So sehr Elon sich für eine Judaisierung des Staates ausspricht, hat er doch längst begriffen, daß der Einfluß der Religiösen auf die Politik wie auf den Alltag der überwiegend säkularen Bürger mittlerweile kontraproduktiv ist. Nach der Staatsgründung bildeten die religiösen Juden eine Minderheit; sie lebten in kleinen Enklaven, wie im Jerusalemer Stadtteil Mea Shearim oder in Bnei Brak bei Tel Aviv, und hatten nur einen geringen Einfluß auf Lehrpläne und Lebensrhythmus in Israel. Dies hat sich inzwischen grundlegend geändert.

Der mittlerweile legendäre Status quo, den David Ben Gurion mit den religiösen Führern vor der Staatsgründung erwirkte, in dem den Religiösen ein Minimum an Einfluß zugesprochen wurde – dazu gehörte der Schabbat als offizieller Ruhetag, die Einhaltung der Kaschrut-Regeln in öffentlichen Gebäuden, die Überantwortung der Zivilstandsangelegenheiten an das orthodoxe Oberrabbinat –, sorgte einige Jahrzehnte im großen und ganzen für Ruhe zwischen Frommen und Nichtfrommen. Dies änderte sich über Nacht, als Menachem Begin und seine Cherut-Partei 1977 die Wahlen gewannen.

Bis zu diesem Zeitpunkt hatte die Arbeiterpartei jede Regierung gestellt und damit eine Vormachtstellung ausgebaut, die kaum noch überwindbar schien. Durch das Erstarken des Likud-Blocks änderte sich das politische Parteiengefüge jedoch beträchtlich. Die religiösen Parteien wurden nun als Koalitionspartner benötigt, und sie waren sich ihrer Macht schnell bewußt. Sie avancierten zu Königsmachern, zum Zünglein an der Waage, und sie wußten, daß sie von nun an die Regeln mitdiktieren konnten. Wenn Likud ihnen nicht Zugeständnisse machte, gingen sie einfach zur Linken – und umgekehrt. Die weltlichen Politiker ließen sich auf dieses Spiel ein und wurden so bis zum heutigen Tag zu Geiseln der frommen Parteien. Diese wollten in erster Linie Geld. Geld für ihre Schulen, denn fatalerweise hatte Ben Gurion einem zweigleisigen Schulsystem zugestimmt, das sowohl nichtreligiöse, staatliche Schulen als auch Religionsschulen vorsieht. Durch die Subventionen, die nun immer stärker den Religionsschulen und natürlich auch anderen religiösen Einrichtungen zuflossen, erstarkte der religiöse Teil der israelischen Bevölkerung. Selbst wenn ihr prozentualer Anteil an der Gesamtbevölkerung ursprünglich gering war, ist es ihnen dennoch gelungen, immer mehr Menschen in den Bann der Religionsschulen, der Cheder und der Jeschiwot, zu ziehen. Elon freut diese Entwicklung, schließlich sei es ja auch darum gegangen, den jüdischen Charakter des Staates zu fördern. Jetzt allerdings, in Zeiten des zunehmenden Hasses zwischen Religiösen und Nichtreligiösen, in Zeiten, in denen die Gefahr einer Spaltung der israelischen Gesellschaft droht, will Elon eine saubere Trennung. Das pluralistische System der Demokratie sei die einzig mögliche Staatsform für eine jüdische Gesellschaft. Was Elon da ganz staatsmännisch von sich gibt, ist in seinen Kreisen eigentlich sicheres Zeichen für gefährliches Sektierertum. Elon, der selbst eine Kippat Sruga, die gehäkelte Kippa der Siedler, trägt, möchte dieses Zeichen der Frömmigkeit am liebsten auch noch abschaffen. »Die Kippa ist natürlich ein wichtiges Symbol. Aber es steht nirgendwo in der Thora geschrieben, daß ein Jude eine Kippa tragen muß. Und heute wird es mehr und mehr zum Stigma, zum trennenden Zeichen unter Juden.«

Ganz anders dagegen Daniela Weiss, eine Siedlerin der

ersten Stunde. Als Bürgermeisterin von Kdumim, einer Siedlung mit 600 Familien in unmittelbarer Nähe der arabischen Stadt Nablus oder Schchem, wie die einst jüdische Stadt in der Thora heißt, hat sich Frau Weiss mitten hinein in die Höhle des Löwen begeben; ihre Siedlung liegt tief im Herzen Samarias.

»Natürlich will ich einen halachischen Staat, was denn sonst!« Frau Weiss' Gesichtsausdruck ist nicht martialisch-entschieden, sondern drückt Verwunderung aus, als ob sie ihren Gesprächspartner für ein dümmliches Kind hält, das die einfachsten Prinzipien des Lebens und der Welt einfach nicht verstehen kann.

Eine Frau um die Fünfzig: ein rundes, braungebranntes ebenmäßiges Gesicht mit funkelnden Augen, eingerahmt von einem turbanartig geschlungenen Kopftuch, dem Zeichen der religiösen, verheirateten Siedlerinnen, und ein Lächeln, das immer ein wenig Süffisanz beinhaltet. Sie hat eine Mission, diese Frau; sie weiß es, sie nimmt diese Aufgabe ernst und hat ihr ihr ganzes Leben verschrieben. Warum sollte da ein fragender Journalist sie in irgendeiner Weise aus der Ruhe bringen können?

Daniela Weiss ist eine Ausnahme unter den Siedlern. In der patriarchalischen Gesellschaft der Gusch, in der Frauen zwar als Gefährtinnen akzeptiert sind, letztlich aber doch immer wieder nur auf ihre Aufgabe als Gebärmaschinen verwiesen werden, hat sie sich als einzige Frau bis zur Bürgermeisterin einer Siedlung hochgearbeitet.

Kdumim ist ihr Lebenswerk. Vor zwanzig Jahren hatte sie dort mit einem winzigen Kreis Gleichgesinnter begonnen. Ohne Strom und Warmwasser hatten sie in provisorischen Containern gehaust, um ausgerechnet dort, in der Nähe von Nablus und in unmittelbarer Nachbarschaft mehrerer palästinensischer Dörfer zu bleiben. Die Szenerie ähnelt der von Beit-El: eine betörend archaische Hügellandschaft, in die ohne jedes Naturempfinden rigoros europäische Ziegeldachhäuser hineingestellt wurden.

Daniela Weiss sieht sich und ihre Freunde in einer langen, langen Tradition, die nicht erst mit Theodor Herzl begonnen hat, sondern bereits mit Awraham, Jitzchak und Jaakow.

»Wir Juden mußten das Land immer wieder verlassen, und immer wieder kehrten wir hierher zurück.« Sie verweist auf den Auszug aus Ägypten und die erneute Eroberung Kanaans durch Joschua, den Nachfolger Moshe'.

»Von dem Feldherrn Joschua bis zum heutigen Generalstabschef Amnon Lipschitz-Schahak führt eine direkte Linie.« Legende, Geschichte und Gegenwart verweben sich im Weltbild von Daniela Weiss. Die Bibel ist nicht nur die Offenbarung Gottes, sie ist das Geschichtsbuch des jüdischen Volkes. Wozu irgendwelche Legitimität anzweifeln, wenn doch, wie sie meint, die gesamte westliche Welt die Bibel als das entscheidende Buch anerkennt?

Ihr Recht, arabisches Land zu besetzen, ist ihres Erachtens in diesem Buch, das vor dreitausend Jahren geschrieben wurde, besiegelt. »Wie wir mit den Fremden in unserem Land umzugehen haben, das wird schon bei Joschua festgelegt: ›Wer mit uns zusammenleben will, ist willkommen, wer gegen uns kämpfen möchte, gegen den kämpfen wir, wer vor uns flieht, der soll fliehen.‹ So ist es. Daran habe ich nichts zu ändern.«

Diese Sicherheit hat etwas Bewundernswertes. Das Leben ist so einfach. Schlag nach in der Bibel. Jede Eigenverantwortung kann mit dem Verweis auf das entsprechende Kapitel abgeschlagen werden. Und natürlich werde den arabischen Gemeinden nichts weggenommen, man siedle ja nur auf Boden, der der Regierung gehört. So einfach ist auch das. Keine Rede davon, daß dieses Land von der israelischen Regierung irgendwann beschlagnahmt wurde, daß häufig die Besitzstandsrechte nur schwer zurückzuverfolgen sind und das Land somit als »frei« betrachtet wird. Keine Rede davon, daß eine führende Likud-Politikerin vor Jahren im Justizministerium einige Gesetzeslücken entdeckt hatte, wie nachweisliches Eigentum arabischer Landbesitzer doch noch enteignet werden kann. Die Unterlagen, die häufig noch aus der Zeit des Osmanischen Reiches stammen, entsprechen nicht den damaligen Vorschriften der britischen Mandatsmacht, die zum Teil von der israelischen Militärverwaltung in den besetzten Gebieten übernommen wurden, und auf dieser Grundlage sind die Eigentumsrechte nicht definitiv zu klären.

Kein Wort darüber von Daniela Weiss. Statt dessen weist sie von ihrem Bürofenster aus auf die Olivenbäume, erklärt, daß sie den Arabern aus dem Nachbardorf gehören und daß sie regelmäßig herüberkommen, um sie zu pflegen und schließlich zu ernten. Da gäbe es nur gute Nachbarschaft, keinerlei Probleme. Und als sich Kdumim vor einiger Zeit entschlossen hatte, den übernächsten Hügel auch noch zu besiedeln, der selbstverständlich regierungseigenes Land war und keinem Palästinenser gehörte, da kam an dem Tag, als die Neubesiedlung begann, ihre arabische Putzfrau auf sie zu, mit der sie seit Jahren nur Augenkontakt hat, da sie beide nicht die Sprache der anderen beherrschen, und sie hat ihr tief in die Augen geschaut, sie angelächelt und ihr beide Hände gedrückt. »Die Araber sind sehr beeindruckt von unserer inneren

Mission. Sie wissen, daß wir das, was wir tun, tun müssen. Daß dies eine religiöse Pflicht ist. Davor haben sie Respekt!«

Frau Weiss erklärt allerdings nicht, wieso die einsame Straße vom israelischen Kernland bis hin zu ihrer Siedlung so oft Schauplatz von Molotow-Cocktail-Angriffen auf vorbeifahrende Siedlerautos geworden ist; sie erklärt auch nicht, warum sich die Siedler seit der Intifada kaum noch in die arabischen Nachbardörfer hinein wagen. Und um zu beweisen, wie gut die Beziehungen zwischen Juden und Palästinensern in den Gebieten sind, erzählt sie von einer Einladung zu einer arabischen Hochzeit, die sie vor kurzem erhalten hatte. Als sie dann jedoch weitererzählt, daß sie da nicht hingehen konnte, weil sie als Bürgermeisterin von Kdumim dort wohl Schwierigkeiten bekommen hätte – »es gibt dort extremistische Kräfte« –, fällt ihr keineswegs auf, daß ihre kleine Geschichte eigentlich das Gegenteil von ihren Behauptungen beweist.

Der fanatische Eifer der Siedler hat, wie schon erwähnt, einen messianischen Hintergrund. Wie aber schaut Messianismus in der Realität aus? Ist die Erlösung spürbar? Ist das Kommen des Maschiach tatsächlich in irgendeiner Form wahrzunehmen? Frau Weiß ist angesichts solch blasphemisch-naiver Fragen keineswegs aus der Fassung zu bringen. Auch darauf weiß sie eine Antwort. Ihre Augen glühen dabei noch mehr als sonst, und über ihr gebräuntes Gesicht huscht eine kleine, ekstatische Röte.

Die Anzeichen seien da, ganz real, ganz faßbar. »Die Farben werden jeden Tag intensiver, man kann es genau sehen. Das Grün wird immer grüner, das Rot immer röter, das Braun immer brauner.« Und selbst die Menschen werden immer durchgeistigter, immer strahlender, auch dies sei natürlich tagtäglich mit bloßem Auge mitzuverfolgen. Frau Weiss verweist dann auch noch auf die Armee, auf diese wunderbare Generation der Achtzehnjährigen, die trotz aller materieller Versuchungen, trotz einer immer dekadenteren Welt um sie herum, von wildem Idealismus gepackt sei, um ihr Land, das Land Gottes und der Juden, zu schützen.

Eine derart extreme Blindheit macht angst. Nachdem sich in den vergangenen Monaten die Fehlschläge der Israeli Defense Forces (IDF) gehäuft hatten, nachdem 73 Soldaten bei einem Zusammenstoß zweier eigener Hubschrauber sterben mußten, nachdem 12 Soldaten einer Eliteeinheit im Libanon von der Hisbollah völlig aufgerieben wurden und etliche weitere »kleine« Zwischenfälle in der Öffentlichkeit für eine überfällige Diskussion gesorgt hatten, inwieweit der Nimbus und die militärische Schlagkraft der Armee noch übereinstimmen, inwieweit vor allem bei der jüngeren Generation noch ausreichend Motivation vorhanden ist – bei der jüngeren Generation, die nicht mehr verstehen kann, wozu es gut sein soll, einen Abnutzungskrieg im Libanon zu führen, die auch Sinn und Zweck ihrer Aufgaben in den besetzten Gebieten nur mit Mühe begreift –, wenn man all diese Probleme in Betracht zieht, sind die Illusionen einer Frau Weiss weitaus mehr als nur Seifenblasen. Sie lassen auf eine brisante und gefährliche Verkennung der Realität schließen.

Die verhärteten Positionen im kaum noch existierenden »Friedensprozeß« haben mittlerweile die Gefahr einer neuen Allianz heraufbeschworen: Selbst der ägyptische Präsident Mubarak hat davor gewarnt, daß mehr und mehr arabische Staaten sich dem Iran zuwenden könnten. Und immer häufiger bringen israelische Zeitungen Nachrichten über die fortschreitende Stationierung von Mittelstreckenraketen in Syrien und im Iran. Hinzu kommen die Informationen über die nuklearen Bestrebungen des Iran und Syriens, der sich mit Hilfe russischer Experten gerade anschickt, zur zweiten Atommacht des Nahen Ostens aufzusteigen. Selbst von einem neuen Pakt zwischen Syrien, Irak und Iran ist in Israel schon die Rede; die Regierung forderte die USA bereits auf, bei den Russen formell zu intervenieren. Die Zeichen stehen auf Sturm im Nahen Osten, aber das alles ficht die religiös motivierten Siedler nicht an. Denn was kann schon passieren, wenn der Messias naht und Gott sowieso mit ihnen ist?

Man fragt sich, wieso die große Mehrheit in Israel nicht entschiedener gegen die Siedlungspolitik vorgeht. Betrachtet man die Ergebnisse einiger interessanter Umfragen der letzten Jahre, lassen sich rasch Erklärungen dafür finden. Der Statistik nach sind mehr als zwei Drittel der israelischen Bevölkerung säkular ausgerichtet. Weitere Umfrageergebnisse zeigen jedoch ein differenzierteres Bild: Bis auf eine kleine Minderheit, die tatsächlich als völlig areligiös, wenn nicht gar agnostisch bezeichnet werden muß, haben die Israelis durchaus ernstzunehmende Bindungen an ihre Religion. Das bezieht sich nicht nur auf Standardzeremonien, die ähnlich wie in anderen Religionen einfach ausgeführt werden, weil sie zur Tradition gehören: Die Beschneidung oder die Bar Mitzwah müssen als solche bewertet werden. Doch die Affinität der Israelis zu ihrem Glauben geht weiter. Kaschrut, Schabbat, einige der höchsten Feiertage – in unterschiedlicher Intensität bekennen sich die meisten Israelis zu diesen Glaubensdingen, leben sie mehr oder weniger korrekt aus und bemühen sich damit trotz aller Modernität, das Band zwischen dem Glauben der Vorväter und ihnen selbst lebendig zu halten.

Als im Herbst 1988 die israelischen Parlamentswahlen den religiösen Parteien einen sensationellen Erfolg mit 15% der Stimmen bescherten, kommentierte der palästinensische Journalist Othman Halak dieses Ereignis in der *Jerusalem Post* mit den ironischen Worten: »Als ein palästinensischer Beobachter der Knesset-Wahlen möchte ich Israel erst einmal im Nahen Osten willkommen heißen!« Wie recht Halak hatte, läßt sich knapp zehn Jahre später deutlich erkennen. Aber wie bereits gesagt, nicht die extremistischen Kräfte allein sind entscheidend für die politischen Entwicklungen. Israels Demokratie ist schon lange durch die Existenz religiöser Parteien von dem liberalsäkularen Vorbild europäischer oder gar amerikanischer Demokratie weit entfernt. Darüber hinaus spielt die Religion im alltäglichen Bewußtsein eine weitaus größere Rolle, als man sich das in Europa vorstellen kann. Selbst wenn sich konservative Parteien in Europa mit einem großen C im Namen als christlich bezeichnen, spielen hier Religion und Glaube im politischen Entscheidungsprozeß nur eine sekundäre Rolle, ebenso wie die Kirchen gesellschaftlich an den Rand gedrängt sind und die Glaubensausübung nur noch in einem abgesteckten, von der Öffentlichkeit überwiegend ausgeblendeten geistigen Raum stattfindet.

In Israel hingegen offenbart sich die Religion überall, selbst im modernen Tel Aviv, das gerne als der säkulare Gegenpol zum inzwischen immer fundamentalistischeren Jerusalem zitiert wird. Selbst hier sind Männer mit Kippa, Frauen mit Kopfbedeckung oder gar Ultraorthodoxe in ihren schwarzen Kaftanen im Stadtbild zu sehen. Noch auffälliger sind die Aufkleber und Anzeigen von religiösen Einrichtungen auf Litfaßsäulen, Autos oder an Kiosken. Und nicht selten findet man in einem Geschäft irgendwo an der Wand ein, manchmal auch mehrere Fotos rabbinischer Weiser und Heiliger, von denen sich der Ladenbesitzer geistige Führung verspricht.

Die Siedler wissen das alles. Und sie können daher guten Gewissens auf eine heimliche Unterstützung der großen Mehrheit bauen. Auch in dem aufgeklärtesten Israeli scheint ein Jude zu stecken, der nach zweitausend Jahren Unterdrückung und Verfolgung voller Stolz die Rückeroberung von Eretz Jisrael beobachtet. Diese Beobachtung, um keine Mißverständnisse aufkommen zu lassen, ist häufig unbewußt. Selbst ein so aufgeklärter, mit der extremen Linken sympathisierender Mensch wie der Schriftsteller Yoram Kaniuk, der schon vor Jahren zusammen mit palästinensischen Kollegen einen interkulturellen Schriftstellerverband gegründet hat und ein vehementer Befürworter des Friedensprozesses ist, verrät sich, wenn er plötzlich sagt: »Für uns Juden, die wir seit Jahrhunderten tausende und abertausende Kilometer herumwandern mußten, ist es kaum einsehbar, warum sich die Palästinenser so wahnsinnig aufregen, wenn sie vielleicht siebzig Kilometer weiter östlich siedeln müssen.«

Frau Weiss und ihre Gesinnungsgenossen wissen das alles. Und darum können sie auch weiter von der Erfüllung ihrer Sehnsüchte träumen. An einer Pinnwand in ihrem Büro hängt eine kitschige Postkarte aus Amsterdam. Tulpen sind darauf zu sehen: rote, gelbe, weiße und orangene Tulpen.

»So soll Samaria einmal aussehen«, schwärmt Frau Weiss,

und den europäischen Blumenliebhaber schaudert es angesichts des künstlich-geschmacklosen holländischen Blumenmeers. So soll Samaria einmal aussehen? Diese levantinische, unruhige Landschaft? Das ist der Traum der Siedler?

Ja, alles müsse grün und farbig werden. Auch hier eine Fortsetzung der Träume der frühen Zionisten: Das Land urbar machen, die Wüste zum Blühen bringen, so hieß es einst. Jetzt also: Tulpen aus Amsterdam bei Nablus und Ramallah, bei Jericho und Tulkarm.

Doch wer nun glaubt, dies sei das ultimative Ziel der Siedlungspolitik, wird sich natürlich rasch »enttäuscht« sehen. Denn der permanente Bezug auf die Thora und die Deklaration der Rechtsansprüche auf der Grundlage einer engstirnigen Interpretation von Gottes Willen müssen natürlich zum Größenwahn führen. Auf die eher ironisch gestellte Frage, was denn nun aus Damaskus werden solle – schließlich gehörte die heutige syrische Hauptstadt in biblischen Zeiten einmal zum israelitischen Reich –, erhält man ein ernstes, keineswegs überraschtes Kopfnicken. Natürlich gingen die Gedanken auch in Richtung Damaskus. Das jüdische Reich erstreckte sich schließlich einst vom Euphrat bis zum Nil; wer um alles in der Welt könne also glauben, daß mit diesem Fleckchen Erde – ob es nun, je nach ideologischer Couleur Westbank oder Samaria und Judäa, besetzte oder befreite Gebiete benannt wird – die religiösen Bedürfnisse befriedigt seien?

Noch muß sich Präsident Hafis el-Assat keine Sorgen um die Zukunft seines Landes machen, diese Überlegungen finden bei weitem keinen Konsens in der israelischen Gesellschaft. Doch die offensichtliche Verleugnung von Realitäten, diese Fähigkeit, das Schicksal ganzer Völker und

Menschenmassen, die nun mal neben den Juden ebenfalls auf diesem insgesamt so winzigen Territorium leben, einfach auszublenden, bestürzt. Ein nicht unbeträchtlicher Teil der israelischen Wählerschaft ergeht sich in Expansionsvorstellungen, die dem Irrsinn der politischen Ideen eines Saddam Hussein oder der Ayatollahs im Iran nur wenig nachstehen. Luftaufnahmen Jerusalems, die auf dem Tempelberg ein Modell des jüdischen Tempels zeigen – also genau dort, wo seit Jahrhunderten die islamischen Heiligtümer stehen –, sieht man in den Häusern der Siedler immer wieder. Sie lassen es einfach nicht zu, die Eroberung von Damaskus als Phantasterei abzutun. »Du sollst dir kein Bildnis machen.« Doch das Bild eines muslimreinen Jerusalem hängt überall, und die Vorstellung davon hat sich längst in die Seelen dieser Menschen eingebrannt.

Es gibt keine Gesprächsbasis zwischen den Siedlern und liberal-demokratischen Kräften. Wo Transzendenz oder das, was man dafür hält, als Argument einer politischen Auseinandersetzung verwendet wird, ist klar, daß es zu guter Letzt zu einem brutalen, womöglich sogar blutigen Konflikt kommen muß. Selbst wenn die Siedler die Frage nach einer möglichen Auflösung der Siedlungen bei einem vielleicht doch noch zustande kommenden Friedensvertrag mit einem »Unmöglich« abtun, da die Fakten längst geschaffen sind, selbst wenn sie behaupten, daß Juden nie gegen Juden die Waffen erheben würden und man gegen die israelische Armee nicht vorgehen würde, kann man derartigen Aussagen keinesfalls trauen, denn Ähnliches wurde auch vor der Ermordung Jitzchak Rabins gesagt.

Und es waren eben diese Fanatiker, die nach dem Anschlag auf Rabin die Tat des Jigal Amir auch noch mit kabbalistisch-nebulösen Buchstabenspielchen zu rechtfertigen suchten. Wenn man in der hebräischen Schreibweise des Namens des Attentäters den ersten und den letzten Buchstaben wegläßt – in der lateinischen Transkription entsprechend das J(i) von Jigal und das R von Amir –,

so liest sich der Name als »[Er] rettete mein Volk«. Die beiden weggelassenen Buchstaben wiederum sind die Initialen des getöteten Ministerpräsidenten. Was gibt es angesichts solch »göttlicher« Zeichen noch zu diskutieren?

Nichts zu diskutieren gibt es nach Ansicht von Ron Nachman, dem Bürgermeister von Ariel, einer der größten Siedlungen in der Westbank. Ein energischer Likud-Mann, ein überzeugter Agnostiker, der dennoch darauf besteht, daß seine Tochter eine orthodoxe Trauungszeremonie erhält – »schließlich sind wird doch Juden« –, dem das Gerede um die Ankunft des Messias nervös macht und der statt dessen, natürlich gänzlich areligiös, von dem »Recht des jüdischen Volkes, auf jüdischem Boden zu siedeln«, redet.

Auch er reagiert auf noch gar nicht gestellte Fragen reflexartig. Natürlich sei das Verhältnis mit den palästinensischen Nachbarn hervorragend, da gäbe es keinerlei Probleme; die Schwierigkeiten kämen nur von der Autonomiebehörde, Arafat sei an allem schuld; der gemeine Palästinenser wolle ja nichts, als in guter Nachbarschaft mit den Juden zu leben. Mehr gibt es für Nachman dazu nicht zu sagen, schon gar nicht einem Journalisten aus Deutschland. Erst als er merkt, daß sein Gegenüber »einer aus seinem Volke« ist, taut er auf. Seiner Sekretärin befiehlt er, sofort Kaffee und Wasser zu bringen, und während er fortwährend am Telefon hängt, um befreundeten Journalisten seine Meinung zur neuesten politischen Entwicklung zu übermitteln, holt Nachman aus, um dem irregeleiteten »linken« Jounalisten einen Schnellkursus in Sinn, Zweck und vor allem Berechtigung der Siedlungspolitik zu geben. Er bietet sogar eine zweitägige Reise durch die Gebiete an, um all diesen Vorurteilen endlich die Grundlage zu entziehen. Zu dieser Reise kommt es natürlich nie. Nachman ist in Wirklichkeit viel zu beschäftigt, und letztendlich ist es ihm und seinesgleichen ohnehin egal, ob man ihn versteht oder nicht; schließlich stehen die Zeichen der Zeit für ihn, und in spätestens hundert Jahren wird auch der größte jüdische Ignorant eingesehen haben, daß Männer von seinem Schlag die Zukunft des jüdischen Volkes gesichert haben – denkt er. Die Pinnwand seines Büros ist, ähnlich wie bei Daniela Weiss, ein Hort seiner Träume. Neben Fotos rabbinischer Weiser, die den Agnostiker selbstverständlich nicht weiter berühren, hängen Erweiterungspläne seiner Siedlung. Nachman sieht eine dringende Notwendigkeit, eine industrielle Infrastruktur um Ariel herum zu errichten. Das ist in der Tat einer der großen Schwachpunkte der Siedlungspolitik: Bis jetzt sind die meisten Siedler gezwungen, tagsüber in die Ballungszentren des israelischen Kernlandes zu fahren, um dort ihren Berufen nachzugehen. Die Siedlungen sind tagsüber verwaist, sie haben dann etwas Verschlafen-Unwirkliches an sich. Als ob diese blitzeblanken Häuserchen fluchtartig verlassen worden seien…

»Schlafstätten« nannte schon Jitzchak Rabin diese Siedlungen spöttisch. Wie auch einige andere Pragmatiker der Linken versuchte er eine Unterscheidung zu treffen zwischen Siedlungen, die aus militärisch-strategischen Sicherheitsüberlegungen notwendig sind, und solchen, die lediglich aus religiösen Motiven errichtet wurden. Die Siedler sind sich dieses Handicaps durchaus bewußt. Was nutzt eine eroberte und besetzte Westbank, wenn der ökonomische Puls der israelischen Gesellschaft weiterhin ausschließlich im Kernland schlägt? Solange die Grüne Linie von 1967 in den Köpfen der Menschen noch existiert, ist das Siedlungswerk nicht vollbracht. Männer vom Elan eines Ron Nachman wissen das und wollen diesen Mißstand beseitigen.

Das Erschreckende: So wie er dasitzt, ein Mann um die Fünfzig, vital, voller Elan und maßlosen Selbstbewußtseins, muß man ihm einfach glauben, daß ihm auch dieser Traum in Erfüllung gehen wird. Er wird schon dafür sorgen.

Ein Blick hinüber nach Jerusalem. Hier, am Ausgangspunkt aller Siedlungen, im Zentrum des Konflikts, gerade hier sollte man glauben, daß eine israelische Regierung zumindest oberflächlich den Eindruck vermitteln möchte, am Status quo würde nichts verändert. Mit der Schaffung neuer Randbezirke, die die arabischen Enklaven umzingeln, sind ja schon seit Jahren Tatsachen geschaffen worden. Har Homa, dieser Stein des Anstoßes für das Aussetzen der Friedensverhandlungen im Frühjahr 1997, ist im Grunde nur eine Fortsetzung einer längst bekannten »Tradition«. Formaljuristisch – aber was heißt das schon im Nahen Osten – haben die Israelis recht: Har Homa, ein Hügel ganz am Rande von Jerusalem, auf direktem Weg nach Bethlehem, das heute palästinensisches Autonomiegebiet ist, ist in jüdischem Besitz. Es mußte kein Palästinenser enteignet werden, um mit den Bautätigkeiten zu beginnen. Ebenso klar ist jedoch, daß Har Homa ursprünglich nicht zum Stadtgebiet Jerusalems gehörte, doch was ist schon das Stadtgebiet? Seit 1967 wurde es kontinuierlich erweitert, längst sind die Grenzen des einstigen Jerusalem und der Westbank verschwommen, welche Bedeutung soll da dieser kleine Hügel noch haben? Har Homa ist so etwas wie ein weiterer Dominostein in der Umzingelung Ostjerusalems. Mit seiner Besiedlung ist der jüdische Ring um den arabischen Ostteil der Stadt weitgehend vollendet. Die wütende Reaktion Arafats auf die Bauankündigungen, der Abbruch jeglicher Gespräche mit den israelischen Behörden ist zwar verständlich, aber einmal mehr ein unkluger Schritt der Palästinensischen Autonomiebehörde (PA) gewesen. Arafats Maximalforderung, ein palästinensischer Staat mit Jerusalem als Hauptstadt ist ein frommer Wunsch, den er natürlich für seine Wähler in irgendeiner Form aufrechterhalten muß. Doch es müßte selbst dem allmählich alt werdenden Ex-Guerillero klar sein, daß Jerusalem nicht mehr geteilt werden kann, daß eine palästinensische Hauptstadt Jerusalem ein künstliches Konstrukt werden muß – entweder, wie Jossi Beilin von der Arbeiterpartei dies schon einmal entwickelt hatte, indem man die Stadtgrenze noch weiter nach Osten ausdehnt und zwei, drei arabische Ortschaften Jerusalem zuschlägt und diesen Teil dann zur offiziellen Hauptstadt des palästinensischen Staates erklärt, oder aber, indem man im jetzigen Zentrum Jerusalems eine palästinensische Behörde einrichtet, die allerdings am De-facto-Zustand der Heiligen Stadt nichts verändern wird. Mit seinem beleidigten Rückzug erreicht Arafat gar nichts. Im Augenblick, so scheint es zumindest, arbeitet die Zeit für die Israelis. Ob die Palästinenser mit ihnen reden oder nicht – der jetzigen israelischen Regierung ist das völlig egal. Sie baut einfach weiter. Har Homa wird eine Realität, eine weitere schmerzliche Realität für die Palästinenser.

Daß allerdings die Regierung Netanyahu sogar so weit gehen würde, in Ras-el-Amud mitten im alten arabischen Ostjerusalem zu siedeln, das ist tatsächlich schon eine schallende Ohrfeige, die die Araber besonders schmerzen muß.

Ras-el-Amud, am Fuße des Ölbergs gelegen, ist ein kleines Stadtviertel: ein Sträßchen mit zwei einsturzgefährdeten Häusern und dem verfallenden Hotel Jerusalem Panorama. Auf der anderen Straßenseite befindet sich der uralte jüdische Friedhof, der sich über den ganzen Hang des Ölbergs erstreckt. Seit Jahrhunderten lassen sich besonders fromme Juden auf dem Ölberg begraben. Der Legende nach soll der Messias vom Ölberg auf seinem Esel herabgeritten kommen und das Ende der Tage und damit die Erlösung bringen. Alle Seelen werden dann wiederauferstehen. Doch müssen sich diejenigen, die weit weg begraben wurden, in Deutschland, in Amerika oder anderswo, dem mühevollen Gilgul unterziehen: eine Art Herumrollen der Seelen durch unterirdische Kanäle bis nach Jerusalem, wo sie dann endlich auferstehen können. Diesen Gilgul wollen sich viele ersparen. Selbst der frühere Zeitungsmagnat Robert Maxwell liegt am Ölberg begraben. Ihm reichten wohl die Schwierigkeiten zu Lebzeiten...

Ras-el-Amud: Zwei Häuser, die im Sommer 1997 zu einem brandgefährlichen Zankapfel wurden. Ein amerikanisch-jüdischer Millionär aus Miami, Irving Moskovitz, der sein Vermögen mit Bingo-Spielhallen gemacht hat, versucht seit geraumer Zeit, über Strohmänner im arabischen Teil von Jerusalem Grund zu erwerben. Eine »ewige« jüdische Präsenz will er in diesem Teil der Stadt schaffen, damit der Anspruch des jüdischen Volkes auf die gesamte Stadt ein für allemal garantiert ist. In Ras-el-Amud wollte er nun Wohnungen für orthodoxe Familien bauen. Dagegen konnte die Regierung Netanyahu gerade noch vorgehen: Ein solcher Baubeginn hätte einen nicht auszudenkenden Flächenbrand ausgelöst. Gegen den Bezug der zwei Häuser durch religiöse Familien konnte die Regierung jedoch zunächst nichts ausrichten. Sie nisteten sich mitten in muslimischer Umgebung ein. Mit Chuzpe allein ist dieses Verhalten schon nicht mehr zu charakterisieren. Es ist eher eine Mischung aus Arroganz, Unverfrorenheit und extremer Dümmlichkeit. Die internationale Erregung war groß; die Regierung Netanyahu brachte sich, wie so oft, unnötigerweise in Zugzwang. Man begann mit den Familien und mit Moskovitz im fernen Florida zu verhandeln. Wer die Hintergründe nicht kennt, wird diesen Drahtseilakt Netanyahus nicht verstehen: Warum war die Regierung nicht in der Lage, einfach durchzugreifen und dem Treiben dreier Familien und eines national-jüdisch gesinnten Bürgers der Vereinigten Staaten ein Ende zu bereiten? Die Antwort ist denkbar einfach: Weil jener Herr Moskovitz sowohl Herrn Netanyahu als auch noch zwei weiteren Parteien, die mittlerweile ebenfalls in der Regierungskoalition sitzen, die Wahlkampagne bezahlt hat. Wie allerdings ein US-Bürger dazu kommt, in einem anderen Land in einen Wahlkampf einzugreifen, läßt sich allein aus dem Selbstverständnis des Staates Israel herleiten: Israel ist der Staat aller Juden und nicht der Staat seiner Bürger. Israel ist der Staat eines US-Juden, eines deutschen Juden, eines Juden aus Aserbaidschan. Das berühmte »Rückkehrgesetz« garantiert jedem Juden, jederzeit und sofort nach Israel »zurückkehren« – nicht »einwandern« – zu können. Mit dieser gesetzlichen und ideologischen Grundlage aber hat sich der Staat eine ziemlich tückische Falle gestellt: Der Einfluß der Juden aus dem Ausland auf innenpolitische Vorgänge ist sehr groß. Ob es ultraorthodoxe Rabbiner in Brooklyn sind, die ihren Anhängern im Nahen Osten sagen, für wen sie sich bei den Parlamentswahlen zu entscheiden haben, oder ob das in Form von Wahlspenden à la Moskovitz geschieht – wer glaubt, Israel sei eine unabhängige Demokratie, der irrt. Dieses Modell, dieses Konstrukt ist ziemlich einzigartig auf der Welt.

Der Kompromiß, den der sichtlich verlegene Ministerpräsident Netanyahu in dieser Situation einging, war so faul wie nichtssagend: Die Familien, so einigte man sich, mußten wieder ausziehen, statt dessen durften Studenten einer Jeschiwa einziehen, die so lange dortbleiben sollen, bis die Häuser renoviert sind. Dann – wann immer das sein mag – sollen die Familien zurückkehren. Die arabische Welt schrie auf, den Amerikanern war diese Entscheidung recht.

Nur eine Woche später: Ministerpräsident Benjamin Netanyahu kündigt den Bau von 300 neuen Wohnungen in der Siedlung Efrat an und nimmt damit einen ernsten Konflikt mit der amerikanischen Außenministerin Madeleine Albright in Kauf. Sie hatte bei ihrem ersten Besuch im Nahen Osten darauf bestanden, daß beide Seiten, Palästinenser und Israelis, eine »Auszeit« nehmen, in der keine provozierenden Entscheidungen getroffen werden sollten, damit endlich neue vertrauensbildende Maßnahmen greifen könnten. Die israelische Regierung scherte sich nicht um diese Bitte. Doch die Situation in Efrat ist weitaus komplizierter, als die marktschreierischen Schlagzeilen der internationalen Medien dies vermuten lassen.

Efrat liegt im Gusch-Etzion-Gebiet, einer Gegend, die keine zwanzig Autominuten von Jerusalem entfernt ist. In Gusch Etzion, das schon vor der Staatsgründung zum Jischuw-Gebiet gehörte, gab es vier Kibbuzim, die während des Unabhängigkeitskrieges von 1948 von der jordanischen Armee vernichtet wurden. Gusch Etzion wurde jordanisch. Während des Sechs-Tage-Krieges wurde Gusch Etzion von der israelischen Armee wieder befreit. Dort also siedelten nach 1967 wieder Juden und erbauten unter anderem Efrat. Es gibt keinen offiziellen Rückzugsplan aus der Westbank, in dem Gusch Etzion nicht als integraler Bestandteil Israels verstanden wird.

Efrat wirkt wie ein Cowboy-Städtchen. Es zieht sich über mehrere Hügel hin. Von weitem sieht es so aus, als ob die Häuser wie Perlen an einer Kette aufgereiht seien. In Efrat leben überwiegend amerikanische Juden. Sie gehören zu denjenigen, die die Westbank gerne mit dem Wilden Westen verwechseln. »Eingeborene« Israelis schimpfen auf diese Siedler, die mit breitem Brooklyner Akzent Hebräisch sprechen, ununterbrochen von ihrem Heimatland Eretz Jisrael sprechen und so tun, als ob sie eigentlich seit Jahrtausenden im Land seien, während die Palästinenser sich ganz zufällig in diese Gegend verirrt hätten. Der »Sheriff« von Efrat ist Rabbiner Shlomo Riskin, ein untersetzter Mann, glattrasiert, im dunklen Nadelstreifenanzug; das Gesicht erinnert an einen Kobold. Eine Mischung aus Verschlagenheit und großem Witz blickt sein Gegenüber an, aber vielleicht ist das auch nur ein Vorurteil auf der Seite des Betrachters, und in Wirklichkeit ist

Riskin ein netter Kerl. In seinem Zimmer in der Stadtverwaltung von Efrat gibt es keine Pinnwand, dafür über-
quellende Bücherborde mit religiöser Literatur. Riskin erhebt seine hohe Stimme zu einem merkwürdig geflüster-
ten Singsang. So muß der Wolf geklungen haben, als er
mit Rotkäppchen gesprochen hatte: »Dies war das Herz-
stück der beiden jüdischen Reiche. Hier war es, wo
Awraham mit Jitzchak zur Opferung gegangen ist. Hier
auf dem Weg zu dieser Stadt Efrat wurde Mutter Rachel
nach Bethlehem zur Beerdigung gebracht. Hier spielt sich
das ganze Buch Ruth ab, die Geschichte von dieser
großen Konvertitin, die die Mutter des Messias werden
sollte. Der junge David ... alle kamen aus dieser Gegend.
Hier hatte David, bevor er König wurde, seine Herde gehütet.«

Das bekannte Lied: Die Bibel muß für alles herhalten.
Und auch hier wird wieder auf das exzellente Verhältnis
mit den palästinensischen Nachbarn hingewiesen. Nein,
es gäbe natürlich keine Probleme. Und wie bestellt erscheint in diesem Augenblick der Muchtar des Nachbar-
dorfes, ein persönlicher Freund Riskins, mit dem der
Rabbiner sich auf den Weg nach Jerusalem machen will.
Der Sohn des Muchtars habe ohne Genehmigung der Behörden mit dem Bau eines Krankenhauses begonnen; nun
soll das Gebäude zerstört werden. Dagegen wolle man gemeinsam in Jerusalem protestieren. Dieses gemeinsame
Bestreben ist echt und ehrlich, der Umgangston zwischen
beiden Männern ist herzlich und zwanglos. Riskin betont,
daß Efrat nicht auf gestohlenem Gebiet liege, daß also
der Boden, auf dem seine Stadt gewachsen sei, niemals
Palästinensern gehört habe.

Die Angestellten Riskins – auch sie stammen alle aus

Brooklyn – sprechen untereinander Hebräisch, obwohl ihnen ihr schwerer Akzent dabei sichtlich Mühe bereitet. Aber schließlich kann man die gemeinsame Muttersprache auf dem Boden von Eretz Jisrael nicht sprechen. Hebräisch ist die Sprache des jüdischen Volkes; lieber sich also die Zunge verrenken, als untereinander so zu sprechen, wie einem einst der Schnabel gewachsen ist...

Ein kleiner Spaziergang durch Efrat hinterläßt den immer gleichen Eindruck, der allen Siedlungen gemeinsam ist: Nichts Gewachsenes steht da, sondern nur schnell Errichtetes – etwas steril, unpersönlich, aber nicht unhübsch. Viele Gärten und Blumenanlagen, saubere Gehwege, ordentliche Gartenzäune, viele israelische Flaggen. Ganz am Rande der Siedlung, wo zur Zeit nur eine einzige kleine Straße hinführt, befindet sich eine Baustelle auf einem Berghügel, der gerade neu besiedelt wird. Am Rande der Baustelle stehen einige Containerwaggons, in denen die neuen Bewohner von Efrat provisorisch untergebracht sind, bis ihre Häuser fertiggestellt sind. Ein großes Bauträgerschild mit einer Zeichnung zeigt, wie diese Gegend, die derzeit noch die sprichwörtliche Wildheit Samarias ausstrahlt, umgestaltet werden soll. Hier entsteht wie andernorts in der Westbank ein weiteres Plagiat der bayerischen Voralpenidylle. Auf der Baustelle arbeiten einige palästinensische Arbeiter auch in der Glut der Mittagssonne weiter. Es grenzt schon an Zynismus, daß ausgerechnet die Palästinenser den Ideologen ihre Unterkünfte bauen. Sie brauchen die Arbeit, um ihre kinderreichen Familien zu ernähren, und die israelischen Bauherren bedienen sich ihrer nur allzu gerne, da sie wesentlich billiger sind als israelische Arbeitskräfte. Außerdem entfallen bei den Palästinensern die üblichen Kosten: Arbeitslosen-

und Krankenversicherung sowie andere sozialen Abgaben kann sich der Bauunternehmer bei ihnen sparen. Die Palästinenser haben keine Wahl, als diese menschenverachtende Tätigkeit zu akzeptieren. Die einzige Alternative, die sie haben, ist die Arbeitslosigkeit.

Einer von ihnen faßt sich ein Herz und erzählt dem fremden Besucher, daß dieser Berg, auf dem jetzt neue Häuser entstehen sollen, eigentlich zur arabischen Nachbargemeinde gehört. Ein Streit sei zwischen Efrat und den Arabern entbrannt; noch sei nichts entschieden. Die Worte Shlomo Riskins klingen immer noch nach: Das Gebiet, auf dem Efrat entsteht, habe nie den Palästinensern gehört...

Wie der Streit von den Behörden entschieden wird? Man kann es sich ausrechnen. Netanyahus Ankündigung wenige Wochen nach dem Besuch in Efrat bestätigt das sich wiederholende Ritual, die Lücken im Gesetz von israelischer Seite auszunützen. Clevere Palästinenser haben sich längst auf dieses brutale Spiel eingelassen: Sie pflanzen, wo auch immer sie können, Olivenbäume, denn dort, wo Land von Palästinensern kultiviert wird, kann die israelische Regierung nicht zugreifen: Wo Olivenbäume stehen, sind die Besitzrechte offensichtlich...

Von Efrat sind es zwei lange Autostunden bis nach Otniel, einer Siedlung weitab von jeglicher Zivilisation inmitten einer der schönsten Landschaften der Erde: der judäischen Wüste. Vorbei an Kyriat Arba, vorbei an Hebron, der Stadt der Patriarchen, wo 400 rechtsextremistische Siedler wie einst die Zeloten ihre Position mit Hilfe von 1000 israelischen Soldaten gegen 150 000 Palästinenser verteidigen, nur um das ewige Recht des jüdischen Volkes auf das ganze Gelobte Land zu behaupten. Wo die

Patriarchen ihre letzte Ruhestätte gefunden haben, in der Höhle Machpela, die Awraham einst kaufte, gibt es alles andere als Ruhe. Gummigeschosse und Steine, brennende Reifen und Knüppel bestimmen die Szenerie von Hebron.

Immer tiefer in die Bergwüste von Judäa führt die einsame Straße. Bald sieht man nur noch vereinzelt Beduinen am Rand des Weges lagern; in der Ferne jedoch, auf den Bergkuppen am Horizont, schimmert es rötlich. Es sind die Ziegeldächer der Siedlungen. Und wieder muß man feststellen: Was, um alles in der Welt, will Israel den Palästinensern bloß zurückgeben, wo doch die israelische Präsenz allgegenwärtig ist. Schließlich beherrscht jedoch die Einsamkeit der Wüste, das leise Pfeifen des Windes die Szenerie; nirgendwo mehr ein Grashalm, nur noch Brauntöne. Hier muß Gott geredet haben, kein Zweifel. Hier ist der Ort, wo Gott gehört werden kann. Eine Landschaft, die sich seit Jahrtausenden nicht verändert hat. Frieden, Stille, Innerlichkeit. Trotzdem ist es nicht ratsam, aus dem Wagen zu steigen. Hinter irgendeinem Felsen könnten Hamas-Anhänger lauern!

Otniel, eine Siedlung mit gerade mal 70 Familien, liegt mitten in dieser Einsamkeit. Ein sandiger, schmaler Weg führt ganz hinauf auf den steilen Berg, wo Otniel errichtet wurde. Mit Mühe kriecht das Auto vorwärts. Doch es lohnt sich. Oben angekommen, hat man einen atemberaubenden Rundblick über ganz Judäa. Dankbarkeit kommt auf, Dankbarkeit, daß man eine solch erhabene Schönheit sehen darf. Die Hand Gottes und nur sie hat diese Landschaft geschaffen.

»Pastoral« nennt Raw Benny Katzenson die Gegend. Ein Mann Mitte Fünfzig mit kurzen weißen Haaren und einem langen weißen Bart im Stil der religiösen Siedler. Raw Benny ist ein bescheidener, überaus liebenswürdiger Mann. Vor einigen Jahren war er zusammen mit einigen Freunden hierhergekommen, um eine Hesder-Jeschiwa zu gründen. Diese Form der Jeschiwa ist für junge religiöse Männer vorgesehen, die sich für fünf Jahre zur Armee verpflichten, davon aber etwa die Hälfte der Zeit dem Studium der heiligen Schriften widmen. Diese Hesder-Soldaten haben in den letzten Jahren das Bild der israelischen Armee verändert: Während früher vor allem die Kibbuznikim die Eliteeinheiten der Armee bildeten, junge, sozialistisch-säkular geprägte Männer, die sich ganz der Verteidigung des jüdischen Gemeinwesens verpflichtet fühlten, haben die Hesder-Studenten sie in den Eliteeinheiten längst ersetzt. Ihre Motivation, zu kämpfen, ist religiös geprägt; viele von ihnen sind Kinder von Siedlern. Sie sehen Judäa und Samaria längst als ihre Heimat an, als integralen Bestandteil von Eretz Jisrael, nicht anders als Tel Aviv oder Herzliyah.

Raw Benny erzählt, er sei hierhergekommen, weil diese Gegend so friedlich und wunderschön sei. Außerdem hätte seine Art, die Thora zu lehren, in den großen Städten nur für Unruhe gesorgt. Als Historiker fühle er sich nämlich verpflichtet, die Texte nicht nur religiös, sondern auch philologisch-historisch zu interpretieren, und das sähen seine ultraorthodoxen Kollegen nicht besonders gerne. Mit anderen Worten: Für ein freies Studium setzte sich Raw Benny einfach in die Einsamkeit ab. »Es gibt auch zuviel Spannungen in der israelischen Gesellschaft, die man natürlich in Städten wie Jerusalem ganz besonders spürt.« Das aber würde ihn vom Studium ablenken. Daß Siedler wie er für diese Spannungen mitverantwortlich sind, ficht ihn nicht an. Und daß sein bester Freund im vergangenen Jahr auf der Straße nach Otniel von Hamas-Terroristen ermordet wurde, hat der friedlichen Atmosphäre seiner Lehranstalt nichts anhaben können. Die Jeschiwa liegt unmittelbar am Rand der Siedlung. Die Fenster geben den Blick frei über die Täler und Schluchten von Judäa. Diese sinnliche Erfahrung des Gelobten Landes steigert die Kraft der Thora und des Talmud. Die jungen Studenten, die im klassischen Dialog miteinander lernen, so daß in der Jeschiwa stets ein Durcheinander von Gemurmel, Diskussion und Streitgespräch herrscht, sind mit sich und ihrer Tradition im Einklang. Ihnen fehlt es an nichts. Keine Diskothek, kein Straßencafé würde sie angesichts dieser harmonischen Atmosphäre locken können.

Und doch sind es gerade diese jungen Männer, die den demokratischen Charakter der israelischen Armee allmählich unterwandern. Die Gefahr wurde offensichtlich, als eine der Siedlerbewegung nahestehende Gruppe von Rabbinern eine Bekanntmachung veröffentlichte, daß eine eventuelle Evakuierung jüdischer Siedlungen in Judäa und Samaria gegen die Halacha verstoßen würde. Sie forderten religiöse Soldaten auf, sich im Zweifelsfall den Befehlen ihrer Vorgesetzten zu widersetzen. In jedem anderen Land hätte diese Aufforderung zur Befehlsverweigerung für die Rabbiner extreme Konsequenzen gehabt. Nicht so in Israel. Das säkulare Establishment war zwar hochgradig entrüstet und verurteilte die Rabbiner für ihre Vorgehensweise, doch gleichzeitig beeilte man sich zu versichern, daß die Armee nach wie vor in ihrer hierarchischen Struktur vorbildlich funktioniere, daß sich kein Soldat jemals dem Befehl eines Vorgesetzten widersetzen würde, es sei denn, der Befehl würde gegen die Menschenrechte verstoßen.

Die Beschwichtigungsversuche von seiten der obersten Heeresleitung bis hin zur Regierung hatten einen erkennbar defensiven Ton. Kommt auch hier wieder dieser stille religiöse Konsens zum Tragen, daß ein rabbinisches Urteil nicht so ohne weiteres angegriffen werden kann? Artikulieren sich hier diese »unterirdischen« Verbindungen der jüdischen Seele in den agnostischen Israelis, die sich im Zweifelsfall doch den Anordnungen der bärtigen »Schwarzen« unterwirft?

Die Studenten stehen vor einem Dilemma. Und auf die Frage, wie sie im Fall des Falls agieren würden, reagieren sie vorsichtig: »Wenn ich vor dem Fluß stehe, werde ich mir überlegen, wie ich ihn überqueren soll«, antwortet einer von ihnen philosophisch. Erst nach einigem Drängen geben sie zu, daß sie nicht wissen, was sie tun würden. Sie hoffen, daß die Rabbiner sie nicht in einen Gewissenskonflikt manövrieren werden. Noch mehr aber hoffen sie, daß sie die Siedlungen gar nicht erst auflösen müssen. »Können Sie sich vorstellen, was das für ein Gefühl wäre, wenn ich meine eigenen Eltern aus meinem, unserem Zuhause vertreiben müßte«, ruft einer und blickt sich verzweifelt in der Runde um. Die anderen Soldatenstudenten nicken. Lieber zögen sie wieder in den Krieg gegen die Araber und riskierten ihr Leben, als daß sie eine Siedlung auflösen müßten. Gott möge sie davor beschützen. Und die israelische Armee auch. Denn inwieweit dann noch Befehlsstrukturen intakt wären, das sollte besser nie erprobt werden müssen.

Selbst die Jungen also harren aus und versuchen einen Status quo zu erhalten, der ebenso prekär ist wie die

Situation der Zeloten auf Massada. Kurz vor dem Fall Massadas sahen diese nur noch eine Alternative zur drohenden Niederlage: den kollektiven Selbstmord. Eine solche Situation könnte auch der Siedlerbewegung bevorstehen. Diesmal jedoch würden nicht nur 1000 Menschen sterben, sondern es würde eine ganze Region untergehen. Dies aber stört sie nicht. Gott ist ja mit ihnen.

# Die Sefardim

Raw Uzi Meshulam sitzt zwar im Gefängnis, doch seit dem vergangenen Sommer kann er sich freuen. Die Polizei bezeichnet ihn und seine Gefolgsleute als Terroristen. Und tatsächlich ging der Rabbiner nicht gerade zimperlich vor, um sein Anliegen einer breiten Öffentlichkeit bekannt zu machen: Bombenterror in israelischen Gerichtsräumen, zerstörte Ampelanlagen, in Brand gesetzte Tankstellen – das ist nur eine kleine Liste der Verbrechen, die auf das Konto Meshulams gehen. Damit wollte der jemenitische Rabbi jedoch auf ein noch viel größeres Verbrechen aufmerksam machen, ein Verbrechen, das bei allen legalen Bemühungen niemals in das Bewußtsein der israelischen Öffentlichkeit drang, weil – so Meshulam – niemand davon wissen wollte, denn schließlich könnte die Aufklärung das gesamte israelische Establishment in die Katastrophe stürzen.

Ein Blick zurück in die fünfziger Jahre: Es waren die aschkenasischen Juden aus Osteuropa, die die Idee des Zionismus in die Realität umgesetzt hatten. Schon in den Zeiten des Jischuws hatte sich ein Establishment herausgebildet, das sich vor allem aus führenden Kräften der Kibbuz-Bewegung, des Palmach und der Haganah sowie der sozialistischen Elite der zionistischen Bewegung zusammensetzte. Natürlich waren Kultur und Geist in der jüdisch geprägten Levante europäisch ausgerichtet, dafür sorgte zusätzlich die durch die Shoah ausgelöste europäische Einwanderung nach Israel.

Nach dem Unabhängigkeitskrieg 1948 kam es dann zu Masseneinwanderungen aus den orientalischen Ländern: Die Sefardim kamen ins Land. Dabei handelte es sich zunächst vorwiegend um Juden aus dem Irak, dem Jemen und aus Marokko. Zu Zehntausenden kamen sie nach Israel. Die Immigrationswellen, die zum Teil von der Jewish Agency, der Sochnut, organisiert waren, hatten verwegene Namen; so lief die Einwanderung der jemenitischen Juden unter dem Namen »Operation fliegender Teppich«. Diese Neueinwanderer sahen sich bald massiven Problemen ausgesetzt. Die europäischen Juden im Lande befriedigte es zwar, die »Einsammlung der Exilierten« vorantreiben zu können, doch das bedeutete noch lange nicht, daß die Sefardim in ihrer kulturellen und sozialen Stellung besonders geschätzt oder geachtet waren. Das Verhalten ihnen gegenüber wurde durch typisch europäischen Ethnozentrismus geprägt. Man behandelte die dunkelhäutigen Glaubensbrüder als primitive, unkultivierte Verwandte, die zunächst einmal nach Ma'abarot, Schikunim und in Entwicklungsstädte abgeschoben wurden, wo sie bald wie in einem Ghetto lebten. Manche von ihnen stiegen nach Jahren der Entbehrung und des Kampfes in das israelische Establishment auf; der großen Mehrheit blieb diese Möglichkeit jedoch bis heute verschlossen. Die Sefardim bilden die untere Mittelschicht in Israel, und der soziale Aufstieg ist auch durch das ungerechte Schulsystem nach wie vor sehr erschwert. Es ist kein Geheimnis, daß die Lehrer in Städten oder Stadtteilen mit überwiegend »weißem« Bevölkerungsanteil wesentlich besser und die Lehrpläne anspruchsvoller sind als in den

Regionen, in denen orientalische Juden leben. Im Widerspruch zum Prinzip einer Demokratie starten aschkenasische und sefardische Kinder nicht vom gleichen Niveau aus in ihr zukünftiges Berufsleben. Die Sefardim machen etwa die Hälfte der israelischen Bevölkerung aus; sie stellen jedoch nur ein Viertel der israelischen Studenten – und andererseits die große Mehrheit der Gefängnisinsassen! Das durchschnittliche Einkommen eines Aschkenasi ist anderthalb mal höher als das eines Sefardi. Und unter den sogenannten »white-collar«-Jobs werden doppelt so viele von Aschkenasim wie von Sefardim eingenommen. Bei den »blue-collar«-Jobs ist es genau umgekehrt.

Erst in den letzten Jahren hat sich in Israel ein zunehmend selbstkritischer Blick auf diesen inneren »Rassismus« gerichtet. Inzwischen sind Artikel, Filme und Bücher zur sefardischen Immigration erschienen, und die zionistischen Mythen, die vor allem in den Anfangsjahren des Judenstaates jede kritische Auseinandersetzung mit der politischen Entwicklung im Lande verhinderten, sind mittlerweile nicht nur erschüttert, sondern beiseite gefegt worden. Dennoch blieben und bleiben bis heute Tabus unangetastet.

Rabbi Uzi Meshulam wollte eines der schlimmsten brechen – mit unlauteren, mit undemokratischen Mitteln; doch die Tatsache, daß erst seine Form des Protestes etwas bewirkte, läßt zumindest ahnen, wie groß der Skandal ist, um den es hier geht.

Als im letzten Sommer das israelische Fernsehen ausführlich über die Wiederbegegnung von Margalit Omessi und Tsila Levin berichtete, brach im Lande ein Sturm der Entrüstung aus. Tsila Levin, ein jemenitisches Kind, war in den späten vierziger Jahren von den Kibbuzniks adoptiert worden. Jetzt hatte eine wissenschaftliche Untersuchung ihrer DNA zweifelsfrei ergeben, daß Frau Omessi die leibliche Mutter von Frau Levin ist. Was war geschehen?

Rosch Ha'ayin, eine kleine Stadt unweit von Tel Aviv, ist das Zentrum des Skandals. Hier lebt seit knapp 50 Jahren eine jemenitische Gemeinde in großer psychischer Not: Schätzungsweise sind damals kurz nach ihrer Einwanderung tausend oder gar fünftausend ihrer Kinder verschwunden. Sie wurden ihnen, so berichten die Eltern, kurz nach der Ankunft im Gelobten Land weggenommen, weil sie angeblich krank waren. Aus den Krankenhäusern kehrten sie jedoch nicht mehr zu ihren Familien zurück. Sie waren laut Aussagen offizieller Stellen gestorben und ohne Beisein der Eltern beerdigt worden.

Uzi Meshulam und die jemenitische Gemeinde hatten schon lange über diesen Skandal gesprochen und behauptet, die Kinder seien gar nicht tot, sondern sie wären »weißen«, aschkenasischen Eltern zur Adoption übergeben worden, wobei es sich bei vielen dieser Adoptiveltern um Holocaust-Überlebende handeln soll. Die Geschichte klingt so unglaublich, daß ihr niemand Gehör schenken wollte. Als dann jedoch im September vergangenen Jahres drei Gräber angeblich verstorbener jemenitischer Kinder geöffnet und die Särge leer vorgefunden wurden, war der Skandal perfekt. Die Zusammenführung von Mutter und Tochter Omessi und Levin war dann nur noch das Tüpfelchen auf dem i. Daß in der jemenitischen Gemeinde nunmehr Vergleiche mit Nazi-Deutschland gezogen wurden, konnte niemanden mehr verwundern. Und Radio-Interviews, in denen sich in Anonymität hüllende aschkenasische Zeitzeugen die Vorgänge damals als bewußten Akt zur »Durchmischung der Rassen« mit dem Ziel, einen neuen, stärkeren jüdischen Typus zu schaffen, bezeichneten, lassen nicht nur den deutschen Beobachter mit Schrecken an die Wahnidee des »Lebensborns« denken.

Noch sind die Vorgänge nicht aufgeklärt, vielleicht wird es eine komplette Aufklärung niemals geben. Zu sehr scheint das »weiße« Establishment der damaligen Arbeiterpartei, die natürlich auch in der Sochnut und in der Histadrut, der maßgeblichen Gewerkschaft, bis heute vertreten ist, in den Skandal verwickelt zu sein. Die jemenitischen Juden haben ihr Urteil jedoch längst gefällt und machen natürlich die Arbeiterpartei für alles Unheil verantwortlich. Und im Zuge des eskalierenden Konflikts zwischen Sefardim und Aschkenasim kommt die Affäre um die jemenitischen Kinder dem rechtsgerichteten Likud-Block, der derzeit aufgrund seiner Palästinenserpolitik international in immer größere Bedrängnis gerät, sehr gelegen.

Als erster israelischer Politiker hatte es Menachem Begin 1977 verstanden, den Antagonismus zwischen orientalischen und europäischen Juden für seine Zwecke zu nutzen. Nur den orientalischen Juden verdankten Begin und der Likud den Aufstieg und die Ablösung der Arbeiterpartei von der Regierung – nach rund 30 Jahren.

Das linke Establishment hatte es versäumt, den demographischen Veränderungen in Israel Rechnung zu tragen. Der Unmut der sefardischen Massen hatte sich schon in den fünfziger Jahren in Straßenschlachten mit der Polizei entladen; in den siebziger Jahren bildete sich dann eine militante Gruppe, die sich nach amerikanischem Vorbild

75

»Black Panther« nannte. Begin nutzte die soziale Problematik für seinen Wahlkampf 1977 weidlich aus. Er machte sich zum Sprachrohr der armen Sefardim, indem er ihnen die Identifikation mit seiner Dauerrolle als Oppositionspolitiker nahelegte: »Wir leiden gemeinsam unter der Arroganz der linken Elite. Wir, die Rechten, und ihr, die Orientalen, wir sind beide Opfer der Arbeiterpartei.«

Mit diesem Trick band Begin orientalische Wählerstimmen an seine Cherut-Partei, den späteren Likud-Block. Anders als die Arbeiterpartei hatte es der Likud bald verstanden, einige talentierte sefardische Abgeordnete auf vordere Plätze ihrer Wählerliste zu setzen und später sogar Sefardim zu Ministern zu ernennen. Der Arbeiterpartei blieb all dies über lange Zeit verborgen, und alle Versuche, in den neunziger Jahren endlich ebenfalls der veränderten gesellschaftlichen Situation Rechnung zu tragen, wirkten wie eine schlechte Kopie der Likud-Politik. Als die Arbeiterpartei einige Sefardim in ihre Wählerliste aufnahm, wurde dies mit einem Lächeln der Öffentlichkeit quittiert, obwohl Likud ja nichts anderes getan hatte, nur eben früher.

Wie starr das Denken innerhalb der Arbeiterpartei immer noch ist, läßt sich anhand eines Vorgangs zeigen, den Ofer Bernchtein, Leiter des International Center for Peace in the Middle East und sefardisches Mitglied der Arbeiterpartei, immer wieder gerne erzählt. Vor den letzten Wahlen 1996 soll Jitzchak Mordechai, ein gebürtiger Iraki, Ministerpräsident Shimon Peres angeboten haben, ihn zu unterstützen und für Stimmen aus dem sefardischen Lager zu werben, wenn er ihm die Leitung des israelischen Inlandsgeheimdienstes Shabak übertragen würde. Peres soll angeblich bei dem mitternächtlichen

Gespräch in der Parteizentrale in Tel Aviv unwirsch reagiert und Mordechai mehr oder weniger deutlich hinauskomplimentiert haben. Daraufhin, so Bernchtein, sei Mordechai zu Netanyahu gegangen. Ergebnis: Mordechai ist inzwischen ein geachteter Verteidigungsminister, dessen moderate und überlegte Politik selbst von eingefleischten Linken mit Hochachtung bedacht wird.

Während der rund zwanzig Jahre, in denen der Likud mittlerweile die Macht innehat, hat die Allianz zwischen Rechten und Sefardim gehalten, selbst wenn manche orientalischen Intellektuellen immer wieder darauf hingewiesen haben, daß Männer wie Menachem Begin, Jitzchak Shamir oder jetzt Benjamin Netanyahu natürlich ebenfalls zum weißen Establishment gehören und von ihrer Herkunft und Erziehung her der linken Elite näherstehen als der sefardischen Mehrheit. Daß das Band dennoch solange hielt, hat natürlich mit der Verbindung von Nationalismus und Religion zu tun, die Likud propagiert und pflegt. Während sich der aschkenasische Bevölkerungsteil längst in gegensätzliche Lager zersplittert hat – in die liberalen, areligiösen und säkularen Gruppen einerseits und die fanatischen nationalreligiösen oder ultraorthodoxen Gruppen, die sich von der Weltlichkeit mehr oder weniger entfernt haben, andererseits –, hat sich in den sefardischen Kreisen eine gemäßigte Mitte herausgeschält, die ganz in der Tradition ihrer Vorväter verankert ist: Man nimmt den Glauben ernst, aber man übertreibt es nicht. Es gibt ein ausgeprägtes Bewußtsein für Tradition, doch das bedeutet nicht, daß man an dem weltlichen Leben nicht teilhaben darf. Insbesondere diese Schicht fühlt sich einer rechtsorientierten Politik verpflichtet, weil sie durch ihr großes Traditionsbewußtsein die »transzendente« Bedeutung des Landes Israel selbst in der äußerst diesseitigen Politik akzeptiert und betont. Daß man die besetzten Gebiete, die das eigentliche biblische Israel sind, nicht zurückgeben kann, versteht sich von selbst. Eine Rückgabe würde die ganze Raison d'être des jüdischen Staates in Frage stellen. Lange glaubte man, in Israel wie auch im Ausland, daß gerade die orientalischen Juden diejenigen seien, die den Frieden mit den Arabern erreichen könnten. Man hatte sich ja in der langen muslimisch-jüdischen Tradition einander angeglichen; Arabisch war die einigende Sprache. Der sefardische Universitätsprofessor Shlomo Elbaz hatte in den achtziger Jahren aus eben diesem Grund die Bürgerbewegung East for Peace ins Leben gerufen. Psychologische Untersuchungen, die in den letzten Jahren vorgenommen wurden, scheinen jedoch das Gegenteil zu beweisen. Die orientalischen Juden sind ihnen zufolge nicht in der Lage, Frieden zu stiften, da»der Araber« aufgrund der antijüdischen Verfolgungen in der islamischen Welt zum allgemeingültigen Feindbild des kollektiven Unbewußten geworden ist, wohingegen die aschkenasischen Juden den Arabern wesentlich unbefangener und gleichmütiger gegenübertreten, da ihr Feindbild»die Deutschen« oder »die Christen« sind.

Der aus Marokko stammende ehemalige israelische Außenminister David Levy mag mit seiner moderaten Haltung gegenüber den Palästinensern dieser Untersuchung widersprechen. In der Realität zeigt sich, daß das Friedenslager tatsächlich vor allem von aschkenasischen Gruppen angeführt wird, wobei die säkulare Grundhaltung der Friedensbewegung den Ausschlag für die Absenz von Sefardim in der Führungsschicht sein dürfte.

Spät, vielleicht zu spät, reagierte die Führungsschicht der Arbeiterpartei darauf, daß die Sefardim nicht zur traditionellen linken Wählerschaft gehören. Ehud Barak, der Nachfolger von Shimon Peres als Parteivorsitzender von Avoda und bei den nächsten Wahlen der Herausforderer Benjamin Netanyahus, bemüht sich nun, eine Mehrheit der Wähler für die Opposition zu gewinnen. Ihm ist es nicht entgangen, daß das Zünglein an der Waage nicht nur die Orthodoxen sind, sondern auch die Orientalen. Als im Sommer 1997 die Affäre um die jemenitischen Kinder hochkochte, sah sich Barak deswegen bemüßigt zu reagieren. In einer großinszenierten Veranstaltung entschuldigte sich Barak bei den Sefardim für das ihnen vor 50 Jahren angetane Unrecht. Kritiker in den eigenen Reihen hielten diese Aktion für blanken Unsinn, denn damit hätte die Arbeiterpartei indirekt zugegeben, daß sie für alle Unbill allein verantwortlich sei, anstatt darauf hinzuweisen, daß in den vergangenen zwanzig Jahren, mit Ausnahme der Phase der Regierung Rabin/Peres, der Likud für die soziale Notlage der Sefardim verantwortlich war, und daß es Jitzchak Rabin war, der enorme Anstrengungen unternommen hatte, die Entwicklungsstädte mit zusätzlichen finanziellen Mitteln auszustatten und zu fördern. Likud konnte über Baraks Verhalten lachen, zumal die Arbeiterpartei plötzlich »Provinzstädte« mit sefardischer Mehrheit als Schauplatz für ihre Versammlungen und Parteitage wählte. Nähe zum sefardischen Bürger sollte hier demonstriert werden, doch die gutgemeinte Idee bewirkte das Gegenteil. Da tauchten schlagartig etablierte Aschkenasim mit ihren dicken Autos in Ofakim und anderswo auf, verbrüderten sich vor den Kameras der Journalisten demonstrativ mit den sefardischen Bürgermeistern und rauschten danach gleich wieder ab in die Metropolen: nach Tel Aviv oder Jerusalem. Baraks Problem ist – wie selbst einige seiner Freunde meinen –, daß er auf Kosten eines sozialdemokratischen Profils die Partei »zur Mitte« hin bewegen will, dorthin, wo noch eine Wählerschaft zu gewinnen ist, die 1996 für Netanyahu gestimmt hatte. Aber Barak will den Fehler seines Vorgängers nicht wiederholen. Shimon Peres, der im Ausland geliebt und geachtet wird, gilt in Israel nicht nur als ein ständiger Verlierer – er hat tatsächlich fünf Wahlen verloren –, sondern auch als ein arroganter Mann, der in Krawatte und Anzug lieber mit den Großen dieser Welt französisch und englisch parliert als sich auf seine Landsleute wirklich einzulassen. Die Kritik ist zwar harsch, aber sie entbehrt nicht eines Körnchens Wahrheit. Peres hatte im Wahlkampf 1996 darauf verzichtet, Veranstaltungen im ganzen Land abzuhalten. Er war sich aufgrund der Umfrageergebnisse allzu sicher, daß er die Wahlen gewinnen würde, und dieser angebliche Vorsprung in der Wählergunst animierte ihn, sich vom »gemeinen« Volk fernzuhalten. Ganz anders Netanyahu: Er war im ganzen Land umhergereist, hatte auch dem einfachsten Arbeiter in Aschdod die Hand geschüttelt und war somit nicht eine graue Eminenz der Politik, sondern ein Mann zum Anfassen, ein Mann wie du und ich, dem die Ängste und Nöte seiner Landsleute bekannt und vertraut waren.

Barak versucht nun, diesen Vorsprung wieder einzuholen. Und es heißt, daß der prominenteste Sefardi der Arbeiterpartei, Shlomo Ben-Ami, ihm zu der Entschuldigungsgeste geraten habe. Eines ist gewiß: Die Jemeniten wird er gewiß nicht erreichen – und wohl auch nicht den Rest, denn der Rest, oder zumindest ein großer Teil der sefardischen Wählerschaft, hat sich längst einmütig hinter »seiner« Partei versammelt: Schas.

Schas ist in der israelischen Geschichte ein neues Phänomen. Ähnlich wie die überwiegend von russischen Einwanderern bestimmte Partei Israel Be'aliyah unter Führung des einstigen sowjetischen Dissidenten Nathan Sharansky hat sich auch Schas – allerdings weit früher – zu einer ethnischen Partei entwickelt. Als ultraorthodoxe Gruppierung ist sie ursprünglich aus der aschkenasischen Partei Agudat Jisrael hervorgegangen. Ihr geistiges Oberhaupt ist der frühere sefardische Oberrabbiner des Staates Israel, Ovadia Josef. Im politischen Bereich hat Arie Deri das Sagen. Jahrelang als Minister tätig, muß er inzwischen sein Heil außerhalb der Regierung suchen, da gegen ihn seit 1993 wegen Verdachts der Korruption ermittelt wird. Deri kam 1997 während der Bar-On-Affäre erneut in die Schlagzeilen, da allerdings in seiner Eigenschaft als Sefardi. Im Januar 1997 war die Regierung Netanyahu in eine schwere Krise geraten. Das israelische Fernsehen hatte einen mutmaßlich illegalen politischen Handel zwischen Arie Deri und dem Ex-Generalstaatsanwalt Roni Bar-On aufgedeckt. Demnach soll Deri mit Bar-On eine Verkürzung seines Verfahrens vereinbart haben, falls Bar-On zum Generalstaatsanwalt berufen werde. Angeblich hatte Deri diese Berufung in der Regierung mit der Drohung durchgesetzt, die zehn Stimmen seiner Fraktion für eine Zustimmung der israelischen Teilräumung von Hebron zurückzuziehen.

Die Affäre, um die es ging, fiel in seine Amtszeit als Innenminister in der Regierung Rabin. 1993 mußte Deri seinen Hut nehmen, weil er der Veruntreuung von 170 000

US-Dollar beschuldigt wurde. Der damals 35jährige war dann im September des Jahres zurückgetreten, nachdem die Justizbehörden ein Ermittlungsverfahren gegen ihn eingeleitet hatten. Die staatlichen Gelder soll er sowohl in die eigene Tasche als auch in die Kassen der Schas-Partei umgeleitet haben. Das Delikate an der Bar-On-Affäre, an der aller Wahrscheinlichkeit nach sowohl Justizminister Hanegbi als auch Benjamin Netanyahu selbst beteiligt gewesen sind, war, daß die Generalstaatsanwaltschaft alle aschkenasischen Verdächtigen laufen ließ und nur Deri mit einem Gerichtsverfahren drohte. Deri nutzte diese Entscheidung natürlich für seine Zwecke aus. In einer Großkundgebung kurz nach der Bar-On-Affäre warf er dem zionistischen Staat vor, Gruppen wie die Sefardim auszugrenzen und zu benachteiligen. Natürlich war das Argument nicht stichhaltig: Der Korruptionsvorwurf aus dem Jahre 1993 hatte nichts mit Deris ethnischer Herkunft zu tun. Doch der junge Politiker erwies sich als geschickter Kenner des Zeitgeistes, indem er den »Rassenkonflikt« ausnutzte, um von seiner mutmaßlichen Schuld abzulenken. Der Sefardi als Paria – daran hat sich im Bewußtsein der orientalischen Massen offensichtlich nichts geändert. Der von den Aschkenasim ausgebeutete Sefardi – auch dieses Bild hält sich hartnäckig. Es ist wahrlich kein Zufall, daß Sefardim gerne von »Aschke-nazim« reden. Diese sprachliche Anlehnung an die braunen Jahre in Deutschland wird allerdings nicht allein von den Orientalen gepflegt. Allzugern wird in der öffentlichen Debatte von allen Seiten der Vergleich mit dem Nationalsozialismus herangezogen, um den jeweiligen politischen Gegner – natürlich auch die Palästinenser – ins unrechte Licht zu rücken. Eine gewisse Abnutzung gegenüber der Dummheit und Ungehörigkeit solcher Vergleiche ist in der israelischen Öffentlichkeit längst eingetreten.

El Hama'ajan – »Zurück zu den Quellen«: Das ist die Losung von Schas. Damit sind nicht ausschließlich die ethnischen Quellen gemeint, sondern hauptsächlich die religiösen. In einem für den Nahen Osten typischen Verfahren weiß Schas seine orientalischen Wählergruppen an sich zu binden.

Dies wird beispielsweise in Beit Shemesh deutlich, einer kleinen Entwicklungsstadt ungefähr eine halbe Autostunde von Jerusalem entfernt. Beit Shemesh ist ein hübsches kleines Örtchen. Die Straßen sind sauber, Blumen säumen den Wegesrand, die Häuser wirken gepflegt. Erst wenn man in die Seitenstraßen fährt, kann man erkennen, daß es durchaus ärmliche Viertel gibt, in denen die Häuser schmutzig, der Putz bröckelig, die Wände feucht sind. Erst auf die intensive Vermittlung der Schas-Fraktion in der Knesset hin ist es möglich, El Hama'ajan, das Erziehungs- und Ausbildungswerk von Schas, aus der Nähe kennenzulernen. Raw Toledano, ein gerade 27jähriger Rabbiner, bietet sich als Führer durch diese völlig autarke Welt an. Toledano ist ein gutaussehender Mann. Viel zu dünn zwar, so daß er in seinem dunklen, leicht staubigen und schlotternden Anzug fast wie ein schlaksiger Konfirmand wirkt, doch sein dichter schwarzer Bart und seine schwarzen Augen in einem ansonsten bleichen Gesicht verleihen ihm Konturen, die seiner Jugend noch gar nicht entsprechen.

Abseits einer Hauptstraße von Beit Shemesh, auf einer kleinen, unbebauten Anhöhe stehen zwei Containerwagen. Über dem einen prangt ein selbstgemaltes Schild mit der Aufschrift *El Hama'ajan*. Darunter befindet sich eine

Art Büro, aufs einfachste eingerichtet: ein paar Stühle, ein Tisch, ein Telefon. An der Wand kleben wirr und ungeordnet Fotos der »Heiligen« der Schas-Bewegung – das obligatorische Foto von Raw Ovadia Josef in seiner dunklen Soutane, mit seiner dunkelblauen turbanartigen Kopfbedeckung und seiner Sonnenbrille, die er immerzu trägt. Daneben das greise Gesicht des kabbalistischen Rabbiners Kadouri, der für einen Skandal im Vorfeld der Wahlen 1996 gesorgt hatte. Er hatte all denjenigen kabbalistische Amulette versprochen, die ihre Stimme Netanyahu geben würden. Die Amulette würden dann ein Leben in Wohlstand, Glück und Gesundheit gewähren. Der in den USA ausgebildete und völlig säkulare Netanyahu hatte es natürlich nicht versäumt, dem greisen Kadouri während des Wahlkampfes seine Aufwartung zu machen. Und noch ein Bild eines Wunderrabbis prangt an der Wand: Es ist das Bild des inzwischen verstorbenen »Babba Sali«, des Weisen Rabbi Jisrael Abuchatzira.

Den Fotos dieser drei Rabbiner begegnet man überall dort, wo Schas oder deren Anhänger Präsenz signalisieren. Sie sind Wahrzeichen und zugleich gewissermaßen auch »Schutzheilige«. Den Besucher weisen diese Fotos darauf hin, daß man sich hier in einer anderen Welt, im Bannkreis einer anderen Weltanschauung befindet. Willkommen im Nahen Osten!

Raw Toledano ist einer von vielen Lehrern in El Hama'ajan. Er ist freundlich und aufgeschlossen; sein offenes Wesen und der ständige Gebrauch eines Handys lassen schnell vergessen, daß er einer fundamentalistischen, ultraorthodoxen Bewegung angehört. Dabei sind derzeit der Gebrauch von Handys und Faxgeräten sowie die Benutzung des Internets und anderer moderner Kommunikationsmittel typische Attribute fundamentalistischer Bewegungen. Das gängige Klischee, fundamentalistische Gruppen seien rückwärtsgewandte, archaische und antiquierte Systeme – die Antipoden zur säkularisierten Moderne –, greift längst nicht mehr. Es ist die säkularisierte Moderne, die den Fundamentalismus in seinen heutigen Spielformen hervorgebracht hat; er ist somit ein Teil der Moderne, den er eigentlich bekämpft. Ob Juden, Muslime oder Christen: Alle Fundamentalisten sind auf die modernen Kommunikationsmittel geradezu angewiesen, um ihre Botschaft einer breiten Masse zu Gehör zu bringen. Insofern stehen die Fundamentalisten keineswegs außerhalb der historischen Entwicklung; sie können und wollen das Rad der Zeit gar nicht zurückdrehen, im Gegenteil. In der Ausbildung ihrer spezifischen Ideologien sind sie wahre Kinder des TV-Zeitalters geworden: Der Eklektizismus des Fernsehprogramms, das willkürliche Zappen zwischen den verschiedensten Kanälen schafft – das ist spätestens seit Baudrillard und Virilio bekannt – eine neue Wirklichkeit, die aus dem Angebot menschlicher Kulturen willkürlich das amalgamiert, was es für bedeutsam hält – jenseits eines zeitlichen, geographischen oder mentalen Koordinatensystems, innerhalb dessen jene Kulturen überhaupt erst entstehen konnten und, vor allem, ihren Sinn erhielten.

Ob sich Raw Toledano dieses geistigen Überbaus bewußt ist? Wohl eher nicht. Doch die nicht nur bei ihm immer wieder zutage tretende scheinbare Diskrepanz zwischen seinem äußeren Erscheinungsbild und seinem Umgang mit der modernen Technologie und natürlich auch mit den Journalisten weist eindeutig darauf hin, daß auch er ein Mensch des ausgehenden 20. Jahrhunderts ist und sich wahrscheinlich äußerst unwohl fühlen würde, wenn eine Zeitmaschine ihn in das Casablanca des letzten Jahrhunderts zurückversetzen könnte.

Toledano ist, wie viele seiner Kollegen, ein vielbeschäftigter Mann. Das Handy klingelt ununterbrochen. Überdies hat sich auch dieser junge Rabbi eine gewisse Hektik angeeignet, die einerseits anzeigt, daß er eigentlich an mehreren Stellen gleichzeitig sein müßte, die andererseits dem Besucher aber auch den Eindruck vermittelt, daß er alles stehen und liegen läßt, um sich ganz den Fragen zu stellen, die auf ihn hereinprasseln. Stolz führt Toledano den zweiten Containerwagen vor: In dumpf-brütender Hitze sitzt da ein Dutzend Kinder auf Schulbänken, beaufsichtigt von einer Lehrerin, die ihr Haar entsprechend der orthodoxen Tradition verbirgt und die nebenbei ihr schreiendes Baby zu beruhigen versucht. Ungeachtet der brütenden Hitze und des Babygebrülls fertigen die Kinder, elf Jungen und ein Mädchen, Zeichnungen an; sie malen Bildvorlagen aus und machen Bastelarbeiten. Die kleinen Jungen, alle zwischen acht und zehn Jahre alt, tragen Yarmulke und Schläfenlocken – obligatorische Zeichen einer ultraorthodoxen Erziehung. Es ist bereits später Nachmittag. Der eigentliche Religionsunterricht ist bereits vorbei. Doch auch die scheinbar spielerische Beschäftigung der Kinder steht im religiösen Kontext: Die Bildmotive und Zeichenvorlagen haben religiöse Inhalte; meist handelt es sich um die Porträts der drei »Heiligen«, die uns schon vorher im Büro aufgefallen sind. Wer kennt sie nicht, die Zeichnungen, bei denen man mit dem Bleistift den Zahlen auf dem Papier folgen muß, bis sich schließlich das ganze Bildmotiv erschließt. Hier ist es das Bild von Ovadia Josef, das natürlich auch in diesem Container an der Wand prangt; scheinbar huldvoll und milde blicken seine Augen hinter dem getönten Glas der Brille auf seine Schäfchen herab.

Raw Toledano erklärt stolz, daß die Kinder hier den ganzen Tag unterrichtet und versorgt werden. Es sind Kinder aus der unmittelbaren Umgebung. Doch der Stadtteil, der sich noch recht unstrukturiert um die beiden Container herum ausbreitet, wirkt nicht wie ein ultraorthodoxes Viertel. Die meisten der Frauen tragen keine Kopfbedeckung, auch die Männer laufen ohne Kippa herum. Es wird allerdings deutlich, daß diese Menschen nicht auf der Sonnenseite des Lebens geboren worden sind: Es sind Menschen, die bestenfalls zur unteren Mittelschicht gehören, Menschen, die den ganzen Tag arbeiten müssen, viele Kinder haben und nicht wissen, wohin mit ihnen. Normale Kindergärten oder Schulen sind hier nicht vorgesehen, oder sie kosten zuviel. Dieses Manko macht sich Schas zunutze. »Gebt uns eure Kinder, denn das weiße Establishment vernachlässigt sie. Wir, eure sefardischen Brüder, kümmern uns um sie«, so lautet hier die Botschaft. Sie übernehmen die Kinder und damit auch deren Ausbildung. Sie sorgen dafür, daß sie warme Mahlzeiten erhalten, daß sie von der Straße wegkommen, während sich die Eltern abmühen, einen einigermaßen ausreichenden Lebensunterhalt zu verdienen. Eine Sorge weniger – deswegen geben die meisten Eltern ihre Kinder der El-Hama'ajan-Bewegung. Deren Ausbildungsmethode aber hat weitreichende Konsequenzen: Nicht nur, daß die Kluft zwischen Aschkenasim und Sefardim auf diese Weise zementiert wird, durch die orthodoxe Erziehung der Kinder findet allmählich eine soziale Umwandlung innerhalb der Familien statt – eine Konsequenz, der sich die

Leiter von El Hama'ajan durchaus bewußt sind und die sie in aller Deutlichkeit anstreben. Indem sie die Kinder ultraorthodox erziehen, erreichen sie letztendlich auch deren Eltern. Spätestens wenn die Kinder darauf bestehen, koscher zu essen und den Schabbat zu halten, sind die Eltern gezwungen, Veränderungen im Haushalt vorzunehmen. Widerstand gegen diese Strategie gibt es nur selten. Schließlich ist man der Schas-Organisation dankbar für die kostenlose Erziehung; schließlich ist, wie bereits angedeutet, auch der entschieden ungläubige Sefardi noch in irgendeiner Weise zumindest »innerlich« religiös und weiß es zu schätzen, daß seine Kinder nicht auf der Straße den Drogen oder der Kriminalität ausgeliefert sind – dann schon lieber der Religion ... Was ist schon so schlecht daran?

Raw Toledano drängt zum Aufbruch. Es gibt noch viel zu sehen in Beit Shemesh. Eine kurze Fahrt, ein radikaler Szenenwechsel: heruntergekommene Reihenhäuser, deren Häßlichkeit gnadenlos der Spätnachmittagssonne ausgeliefert ist und deren lange, kantige Schattenflächen eher zur Ungemütlichkeit dieses Ortes beitragen. Inmitten abgerupfter Grünflächen und auslaufender Wasserrohre steht ein weißbemalter Bunker, der den Anliegern einst Schutz vor eventuellen arabischen Angriffen bieten sollte. Inzwischen ist der Bunker umfunktioniert worden. Schas hat ihn mit Erlaubnis der Stadtverwaltung übernommen. Wenn man die schmalen Treppen bis ganz nach unten geht, tritt man überrascht in einen kleinen, mit wenigen Neonröhren beleuchteten Gebetsraum. An der Seite, die nach Osten, also zum Tempelberg in Jerusalem weist, steht das Pult für den Vorbeter; an der gesamten Breitseite befinden sich Regale, die von oben bis unten mit religiösen Büchern vollgestopft sind. Die vielen Ledereinbände in Blau oder Schwarz, mit goldfarbenen Buchstabenprägungen, verleihen diesem kahlen, fensterlosen Raum eine unerwartete sakrale Aura. Aus dem Nebenraum ertönt ohrenbetäubender Lärm: Eine Rhythmusmaschine schlägt einen brutalen Beat an, zu dem jemand auf einem Synthesizer stümperhaft eine bekannte Melodie aus der Rosch-Haschana-Liturgie anstimmt. Ein Blick in den Nebenraum offenbart ein merkwürdiges Chaos: Auf verschiedenen Tischen verstreut liegen Bücher und Hefte; an einigen sitzen Jungs, die miteinander in ein Würfelspiel vertieft sind, natürlich ein Spiel mit religiösen Motiven. Daneben zwei weitere Kinder, die miteinander Dame spielen, und schließlich der Verursacher des ohrenbetäubenden Lärms: ein weiterer Junge, dem der Rabbi, sich über ihn beugend, die Melodie noch einmal korrekt vorspielt. An den Wänden wie immer die Schutzheiligen, diesmal in Postergröße.

Toledano weist darauf hin, daß El Hama'ajan dies alles völlig eigenständig aufgebaut hat – ohne jegliche finanzielle Unterstützung, darum sei die Einrichtung auch so karg, aber mit viel Initiative und Eifer. Tagsüber würden hier Kinder unterrichtet, zum Abendgebet kämen dann die Erwachsenen. Die Frauen brächten Eßkörbe mit, damit man sich nach dem Gebet zum Religionsunterricht ein wenig stärken könne. Bis Mitternacht würde man beieinandersitzen und lernen. Daß die Menschen hier freiwillig unter der Erde, im fahlen Licht von Neonröhren, ausharren, ist kaum zu begreifen. Toledano wertet dies als Beweis für den religiösen Eifer der Sefardim. Man vergäße einfach, wo man sei, wenn man das Wort Gottes vernehme. Und sein musikalischer Kollege, dessen

Familie ebenfalls aus Marokko stammt, nickt zustimmend.

Es gibt 25 solcher Bunker in Beit Shemesh, die mittlerweile zu diesen Zwecken von El Hama'ajan umfunktioniert worden sind. Und Beit Shemesh ist wahrlich kein Einzelfall. El Hama'ajan hat sich inzwischen über das ganze Land ausgeweitet und wächst weiter.

Raw Toledano drängt erneut zum Aufbruch. In einem anderen Bunker wird gleich das Abendgebet stattfinden, an dem er auch teilnehmen möchte. Dieser andere Bunker befindet sich in einer schäbigen Gartenanlage, die zu zwei heruntergekommenen Hochhäusern gehört. Dieser Bunker ähnelt in seiner Einrichtung dem eben aufgesuchten. Rund zwanzig Männer haben sich hier zum gemeinsamen Gebet versammelt. Sie sind alle orientalischen Ursprungs; der aschkenasische Besucher wird kritisch beäugt, doch nach einigen Erklärungen von Toledano freundlich akzeptiert.

Das Abendgebet im Bunker – in Friedenszeiten ein eher ungewöhnlicher Ort. Unterirdisch wird Gott gehuldigt... Wird da auch unterirdisch, quasi fern von den Augen der israelischen Öffentlichkeit, eine neue Gesellschaftsform entwickelt? Ja und nein. Die meisten Israelis kennen das Sozialwerk von Schas. Doch wer hat schon mal hinter die Kulissen geblickt? Und wer ist sich schon wirklich darüber im klaren, was da, zwar offiziell, aber eben doch nicht öffentlich, vor sich geht?

So verpönt der Vergleich sein mag: Schas ist in seiner Vorgehensweise nicht von der palästinensischen Hamas-Bewegung oder der algerischen FIS zu unterscheiden. Man wendet sich an diejenigen, die die jeweilige Gesellschaft offensichtlich vergessen hat; man versucht, diejenigen an

sich zu binden, die mit der herrschenden Gesellschaftsform notgedrungen unzufrieden sind, weil sie von ihr vernachlässigt werden. Nicht nur im Nahen Osten ist Religion ein beliebter Ausweg für die allzu irdischen Nöte der
Gegenwart. Ethik und Religionsgesetz sind zunächst einmal der Rahmen, der den Gestrauchelten, den Armen,
den Unterdrückten ein wenig Sicherheit garantiert. Und
dann kommen diese Organisationen und bieten den Menschen das an, wonach sie eigentlich streben: kostenlose
Erziehung und Ausbildung, soziale und wirtschaftliche
Unterstützung, die sie vom Staat nicht erhalten. Alle fundamentalistischen Organisationen agieren auf dieselbe
Weise. Der einzige Unterschied zwischen Schas und den
arabischen Fundamentalisten besteht darin, daß Schas demokratisch gewählt wurde und das Geld des Staates aus-
gibt. Denn es sind tatsächlich überwiegend Staatsgelder,
über die Schas verfügt, die aber gegenüber den sefardischen Anhängern als »eigenes« Kapital ausgegeben werden. Demgegenüber lebt eine Organisation wie Hamas
von Subventionen radikaler arabischer Staaten; sie ist tatsächlich eine finanzielle Alternative zum »Staat«, zur palästinensischen Autonomie.
Die somit erreichte Bindung von Wählerschichten ist im
Falle von Schas eindeutig ethnisch bestimmt. Und hier
liegt auch der Widerspruch zwischen dem Anspruch und
der Realität. Schas stellt sich als eine progressive Bewegung dar, die als einzige das Problem der Sefardim in Angriff nimmt, die als einzige versucht, zukunftsweisende
Alternativen für die minderbemittelten Marokkaner und
Algerier, Jemeniten und Iraker zu entwickeln. Doch tatsächlich ist Schas eine regressive Partei. Indem sie sich bereits an die allerjüngsten Generationen wendet, indem sie

den sefardischen Kindern lediglich eine religiöse Ausbildung bietet, wird der soziale Kontext dieser ethnischen Gruppe verfestigt. Denn wie sollen diese Kinder eines Tages den Anforderungen einer modernen High-Tech-Gesellschaft im 21. Jahrhundert gerecht werden? Ganz im Gegensatz zum eigenen Anspruch wird Schas auf diese Weise die Kluft zwischen Aschkenasim und Sefardim vertiefen. Die gesellschaftlichen Konflikte, die daraus resultieren, die Auseinandersetzungen zwischen Ultraorthodoxen und Liberalen, zwischen Sefardim und Aschkenasim, sind nicht nur vorprogrammiert, sie werden sich noch radikaler gestalten, als sie es jetzt schon sind.

Ein kleiner Vorgeschmack auf diese Entwicklung wird gleich nach dem Abendgebet geboten: Beim Verlassen des Bunkers erschallen wüste Beschimpfungen in schwerem gutturalem Hebräisch. Vor den beiden Reihenhäusern, inmitten der heruntergekommenen Gartenanlage, sitzen einige Ukrainer, die hier ansässig sind. Beide Häuser werden ausschließlich von Neueinwanderern aus der ehemaligen Sowjetunion bewohnt. Der Wortführer der Anwohner, ein dicker, grobschlächtiger Mann mit oberschenkeldicken, tätowierten Unterarmen, beschimpft unablässig die herausdrängenden Sefardim. Sie hätten hier nichts verloren; der Bunker gehöre den Anwohnern, und im übrigen sei der bis spät in die Nacht anhaltende Lärm unerträglich. Er wohne im Parterre, und vor seinem Schlafzimmerfenster in der Gartenanlage würden bis weit nach Mitternacht die Kinder derjenigen Sefardim spielen, die zu so später Stunde noch im Bunker Talmud und Thora lernten. Einige Sefardim beginnen aus sicherem Abstand ebenfalls hinüberzuschreien, etwas eingeschüchtert durch die kräftige Statur des Ukrainers. Der wird nun immer wilder, brüllt, daß ihm diese ewige Beterei auf die Nerven gehe, auch er bete täglich acht Stunden. Er steht auf und macht pantomimisch eine Bewegung, als würde er Steine klopfen. Er arbeite im Straßenbau, schreit er wieder, das sei seine Form des Betens. Ob denn die religiösen Herren vielleicht ein wenig Rücksicht auf seinen Schlaf nehmen könnten, den er so gut wie nie bekomme wegen des Lärms.

Einer der Sefardim fühlt sich von diesem blasphemischen Vergleich herausgefordert. Er ruft immer wieder nur einen Satz zu dem Ukrainer hinüber: »Ata met, ata met« (»Du bist tot, du bist tot!«).

Alle in der Gartenanlage, Beteiligte wie Zuschauer, erwarten, daß der tätowierte Sowjetmensch den zarten, dunkelhäutigen Sefarden nun jeden Moment vierteilen werde. Doch etwas Eigenartiges geschieht. Betroffen schaut der Ukrainer zu der Menge hinüber und ruft, eher erstaunt als erbost: »Wie könnt ihr nur so etwas sagen, ihr, die ihr doch religiöse Menschen sein wollt«, und beginnt sich mit seinem Nebenmann auf Russisch zu unterhalten, als ob er sich bei ihm wegen des eben Gehörten nochmals vergewissern müßte.

Raw Toledano hat sich die ganze Zeit zurückgehalten. Ihm ist die ganze Situation mehr als unangenehm, um so mehr, als sie sich unter den Augen des Journalisten aus Deutschland abspielt. Diese kurze Auseinandersetzung ist auch ein Beweis für den ausgreifenden Arm von Schas: Längst hat sich die Organisation in Stadtteilen festgesetzt, in der sie ethnisch eigentlich keine Basis hat. Und das gilt nicht nur für Beit Shemesh...

Wenn man sich in Israel umhört und die Menschen zu den ethnisch bestimmten Konflikten zwischen Aschkenasim und Sefardim befragt, ergibt sich ein völlig unterschiedliches Bild: Viele Israelis, deren Familien ursprünglich aus Europa kommen, verneinen ein Rassenproblem innerhalb der israelischen Gesellschaft. Sie verweisen auf die Vergangenheit, erklären, daß die angesprochenen Benachteiligungen doch die Einwanderergeneration betroffen hätten, daß dies heute aber ganz gewiß nicht mehr so sei, schon gar nicht bei den ganz jungen Leuten, die einfach nur noch als Israelis aufwachsen würden.

Bei den sefardischen Befragten fällt die Antwort hingegen anders aus. Die meisten bejahen die Frage. Selbst wenn manche erklären, daß sie persönlich nie irgendwelche Schwierigkeiten hatten, so kennen sie doch genug Fälle und Beispiele aus ihrer näheren Umgebung. Auf dieser Grundlage hat sich vor kurzem eine Organisation intellektueller Sefardim oder auch Misrachim, wie die Orientalen sich gerne nennen, gegründet (Misrach bedeutet Osten). Sie nennt sich Keshet (»Regenbogen«), und zu ihren prominentesten Mitgliedern zählen Professor Yehuda Shenhav, Leiter des Instituts für Soziologie an der Universität Tel Aviv, der Dichter Sammy Sheetrit, die Politologin Henrietta Dahan-Calev und der Filmemacher Shlomo Vazana. Sie alle gehören bereits zur sogenannten zweiten Generation und haben sich in der israelischen Gesellschaft erfolgreich etabliert. Der persönliche Erfolg ist es, der sie dazu gebracht hat, Keshet zu gründen, um in der Öffentlichkeit die Aufmerksamkeit auf die schlechter gestellten Misrachim zu lenken. Obwohl es mittlerweile prominente sefardische Politiker gibt, zum Beispiel David Levy und Jitzchak Mordechai, haben die Gründer von Keshet bald erkannt, daß man auf sie nicht zählen kann. »Wenn sie erst einmal in die Politik eingetreten sind, legen sie sogleich ihre misrachische Identität ab und werden wie Aschkenasim. Was kann man von ihnen schon erwarten?« Mit leiser Verachtung spuckt Shlomo Vazana diese Worte aus. Er ist Anfang Vierzig, seine Familie stammt aus Marokko. Er ist dunkelhäutig, sein Haar bereits schütter, und hinter der typischen randlosen Brille des Intellektuellen funkeln zwei dunkle, forschende Augen, die ihr Gegenüber förmlich zu durchbohren scheinen. Vazana ist überaus höflich, hält im Gespräch alle Rituale des guten Benehmens ein, doch sein Blick und sein Ton sind von verachtender Schärfe. Mit harschen Worten geißelt er die aschkenasische Elite, mit Geringschätzung reagiert er auf die Fragen des ausländischen aschkenasischen Journalisten, als ob es ganz typisch für dessen Herkunft sei, daß er überhaupt noch Fragen stellen müßte. Jede seiner Antworten wird von dem Vorwurf getragen, daß die Aschkenasim immer noch die Augen angesichts dieser sozialen Ungerechtigkeit verschließen. Und Vazana scheint nicht nur die Aschkenasim in Israel, sondern überall auf der Welt zu meinen. Jedes Nachfragen, jedes Nachhaken auf seine Antworten nimmt er einerseits anerkennend zur Kenntnis, weil sie offensichtliches Interesse bekunden, gleichzeitig aber sind sie für ihn nur eine erneute Bestätigung der unermeßlichen Arroganz dieser jüdischen »Herrenmenschen«, die doch tatsächlich die Chuzpe haben, einfach zu ignorieren, was nicht zu ignorieren ist.

Keshet hat sich ein besonders heikles Thema für seine ersten großen Aktionen vorgenommen. Heikel, weil es einen heiligen Mythos des Zionismus angreift: »Arza«, das Land und dessen Verteilung zu Beginn der zionistischen Bewegung.

Die jüdische Sehnsucht nach Zion ist jahrtausendealt.

Gleich nach der Zerstörung des Tempels im Jahre 70 d. Z. und der damit beginnenden Diaspora wurde Eretz Jisrael zur beinahe ewigen Utopie erhoben. Doch bereits in biblischer Zeit wurde die Bedeutung des Landes für das jüdische Volk immer und immer wieder betont. Es ist das von Gott verheißene Land – nicht mehr und nicht weniger. Und schon im Psalm 137 heißt es in bezug auf Jerusalem, das für ganz Zion steht: »Sollt' ich dich vergessen, Jeruschalajim, so versage meine Rechte!« Es gibt kaum ein Gebet in der jüdischen Liturgie, das sich nicht auf Jerusalem und das Land bezieht, kaum ein Gebet, in dem nicht von der Rückkehr nach Zion geträumt wird. Insofern hat der säkulare Zionismus ein durchaus religiöses Motiv in der Geschichte der jüdischen Diaspora und vor allem im jüdischen Bewußtsein aufgegriffen. Die ebenfalls mit dieser Sehnsucht verbundene sozialistische Vorstellung vom Menschen, der seine eigene Scholle bebaut, sowie die daraus resultierende Idee, den »Luftmenschen« des Ghettos zu einem neuen Juden umzuformen, tat ein übriges, um die Bedeutung von Eretz Jisrael, dem Land, noch zu steigern. Dabei handelt es sich keineswegs um eine Zurück-zur-Natur-Bewegung à la Rousseau, der Zionismus hat nichts gemein mit den Vorstellungen moderner Umweltschützer von heute. Das Land hatte einen ideellen Wert, keinen »natürlichen«. Der Zionismus hatte wenig Sinn für romantische Naturschau, das Land, »in dem Milch und Honig fließen«, wurde bebaut und bewirtschaftet, wurde verunreinigt und ausgebeutet, und es wurde teilweise zerstört.

Wenn also Keshet sich zunächst der ungerechten Landverteilung zu Beginn der zionistischen Bewegung und vor allem in der Anfangszeit des Staates zuwendet, wird verständlich, daß sich diese misrachische Organisation eines in der jüdischen Seele äußerst sensiblen Themas annimmt. Vazana und seine Freunde sind sich dessen völlig bewußt und freuen sich, daß sie als »pressure group« offensichtlich das richtige Thema zur richtigen Zeit gewählt haben. Die heftige öffentliche Reaktion, insbesondere der Medien, beweist es. Und schließlich hat sich Keshet, die auch in Zukunft grundsätzlich nur als außerparlamentarische Opposition agieren möchte, nichts weniger vorgenommen als den nationalen Diskurs über Werte und gesellschaftliche Prioritäten zu beleben und zu verändern. In ihrer jetzigen Kampagne will die Gruppe eine Neuverteilung des Reichtums erreichen. Shlomo Vazana hat sich mittlerweile in der Lobby des Hilton Hotels in Tel Aviv in Fahrt geredet. Da werden zunächst einmal Firmen wie Prazot, Amidar und Amigur direkt angegriffen. Ihnen gehören die Wohnungen in den Sozialbauten des Landes, in die man gleich zu Beginn der sefardischen Masseneinwanderungen einen großen Teil der orientalischen Familien einquartiert hat. Die allgemeine Handhabung, die bis heute ihre Gültigkeit behalten hat, besagt, daß der Mietvertrag auf den Namen des ersten Mieters abgeschlossen wurde. Dessen Kindern, der sogenannten zweiten Generation, die in diesen Wohnungen aufgewachsen ist, kann dann nach Ableben ihrer Eltern beziehungsweise des Vaters – denn meistens war er es, dessen Name im Mietvertrag auftauchte – einfach gekündigt werden. Dies wird von den drei genannten Firmen inzwischen auch häufig getan, um die Wohnungen anschließend teuer zu verkaufen. Bis 1993 boten die Firmen den Nachkommen die Wohnungen zum Vorzugspreis an. Doch inzwischen hat das Wohnungsbauministerium angeordnet, die Apartments zu den üblichen Marktpreisen zu annoncieren. Mehr als 1500 Nachkommen sind derzeit von einem plötzlichen Rausschmiß aus ihrem elterlichen Zuhause bedroht. Angestellte der Immobilienfirmen werden als »Todespatrouillen«, wie Vazana sie zynisch nennt, ausgeschickt, um die Todesanzeigen zu überprüfen, damit ja niemand unerlaubt in seiner Wohnung bleiben kann. Nachdem inzwischen die Regierung eine Privatisierung der drei Firmen plant, kann man davon ausgehen, daß die sefardischen Mieter in Zukunft noch mehr Schikanen ausgesetzt sein werden als bisher. Vazana ist, wie seine Körpersprache verrät, wütend: Er hat, in seinem Sessel unruhig hin- und herrutschend, mittlerweile den Körper vollends von seinem aschkenasischen Gegenüber abgewendet, nur noch der Kopf und die Augen – unglaublich wütende Augen! – blicken noch in Richtung des »Feindes«!

»Wenn die Mieten, die diese Familien über Jahrzehnte bezahlt haben, für einen Kredit ausgegeben worden wären, dann würden ihnen die Apartments schon längst gehören. Wenn die zweite Generation ihre Wohnungen nicht erhält, dann wird es Krieg geben!« Man sieht Vazana an, daß er meint, was er sagt. Er vergleicht diesen unfairen Zustand mit der Situation in den Moshavim, wo jedem Bewohner – natürlich aschkenasischer Herkunft – ein Haus und ein Grundstück von einem halben Dunam (etwa 460 m²) zugewiesen wurde und für jedes einzelne Kind ebenfalls ein halbes Dunam. Vor einigen Jahren wurde den Moshavniks sogar noch mehr Land für nur 15% des Marktpreises angeboten, damit noch mehr Kinder, wenn sie denn wollen, sich dort ansiedeln können. Vazana kocht: »Diese ungerechte Verteilung hat von Anfang an eine Ungleichwertigkeit der Menschen nach sich gezogen. Und das geht immer so weiter«, schnaubt er. Tatsächlich ist es nicht nur so, daß die Grundstückspreise in Tel Aviv und Umgebung, wo sich überwiegend europäische Juden niedergelassen haben, naturgemäß viel mehr gestiegen sind als etwa in den Entwicklungsstädten, wo sowieso niemand hinziehen will. Die Ungleichheit bei der Verteilung des Landes geht weiter. Und Keshet möchte dies verhindern.

In den nächsten Jahren möchte der Staat Land, das er einst den Kibbuzim und Moshavim zur landwirtschaftlichen Nutzung gegeben hat und das sich heute in der Nähe der urbanen Zentren des Landes befindet, zurückfordern, um es an private Interessenten zu verkaufen. 27% der Einkünfte aus diesen Verkäufen sollen den Kibbuzim und Moshavim zugute kommen, der Rest geht an den Staat. Das will Keshet jedoch so nicht akzeptieren. Die landwirtschaftliche Nutzung des Landes hatte einen Sinn für die Allgemeinheit. Dafür, und nur dafür, erklärt Vazana, habe dieses Land zur Verfügung gestanden, nun aber soll es für den Bau von Einkaufszentren und Fast-food-Ketten genutzt werden, es soll also marktwirtschaftlichen, kapitalistischen Interessen dienen. Dies habe aber mit dem Allgemeinwohl nichts mehr zu tun. Statt dessen sollten – und damit zielt Keshet direkt auf den Kern des Gesamtproblems – 20% der Einnahmen in einen Fonds fließen, der sowohl für die Verbesserung der Infrastruktur in den Entwicklungsstädten und den überwiegend von orientalischen Juden bewohnten und stark benachteiligten Stadtvierteln zur Verfügung stehen soll als auch für Joint ventures zwischen Israelis und arabischen Dörfern. »Das Land gehört allen, also auch uns Sefardim«, betont

Vazana. Keshets Anspruch hat gute Aussichten auf Erfolg. Derzeit prüft eine Gruppe von Anwälten, inwiefern die Forderungen gerichtlich durchgesetzt werden können. Für Aufsehen hat Keshet bereits jetzt gesorgt, ihr uneigennütziges Ziel und ihr universalistischer Anspruch verleihen der Organisation einen hervorragenden Ruf. Die Mitglieder wollen nichts für sich, sondern alles für die Gesellschaft. Die Kibbuz-Bewegung wehrt sich natürlich gegen solche Forderungen und weist darauf hin, daß die 27% zur Abtragung von Schulden der einzelnen Kibbuzim direkt an die Banken überwiesen werden. Das gilt jedoch nicht für alle Kibbuzim, vor allem wäre durch solch einen Umstand die ungerechte Verteilung des Landes, die nun einmal stattgefunden hat, nicht aufgehoben.

Ein weiteres Ziel von Keshet ist die Erziehung. Auch hier sollen dramatische Veränderungen für eine ausgleichende Gerechtigkeit innerhalb der israelischen Gesellschaft sorgen. Was die intellektuellen Misrachim langfristig erreichen wollen, ist eine sinnvolle Umverteilung von Wohlstand und Wissen. Um das allerdings zu erreichen, muß die Öffentlichkeit zu einem ausgeprägteren sozialen Bewußtsein und mehr Mitgefühl erzogen werden.

Ein weiter, ein mühsamer Weg. Doch hat Israel eine vernünftige Alternative? Die Tatsache, daß Schas und Keshet existieren, ist der Beweis für den zunehmenden Widerstand der Sefardim gegen altgewohnte, »altbewährte« Verhältnisse im Land. Das Schweigen der Einwanderergeneration ist gebrochen. Und es war in vielen Fällen tatsächlich ein lebenslanges Schweigen. Aus Angst und aus Minderwertigkeitskomplexen hatten sich die Orientalen rasch daran gewöhnt, ihre Kultur zu verleugnen; man traute sich nicht einmal in den eigenen vier Wänden die

Muttersprache, also Arabisch, zu sprechen. Das war dann doch zu beschämend, daß man die Sprache des Feindes der Sprache des eigenen Volkes vorzog. Diese Unterdrückung der Muttersprache kann nicht mit der Verleugnung der eigenen Sprache auf seiten der Aschkenasim verglichen werden, mit einer Ausnahme vielleicht: der deutschen Juden. Es war erklärtes Ziel der Zionisten, eine neue Kultur, eine neue Sprache zu schaffen. Beides ist den Israelis tatsächlich eindrucksvoll gelungen; vielleicht ist die Wiederbelebung des Hebräischen die größte Leistung des Zionismus. Aus diesem Grunde schien es nur natürlich, die Sprache des jeweiligen Herkunftslandes abzulegen, allerdings nicht aus Schamgründen. Und – interessant genug – die deutschen Juden, gerade die deutschen Juden, wollten partout nicht ablassen von ihrer geliebten Muttersprache, der Sprache des noch viel größeren Feindes des jüdischen Volkes.

Die Verleugnung der eigenen kulturellen Identität unter den Sefardim hat bis heute durchaus staatliche Unterstützung gefunden. In den israelischen Schulbüchern ist jüdische Geschichte gleichgesetzt mit aschkenasischer Geschichte, die zionistische Geschichte ist vor allem eine Erfolgsstory der Aschkenasim. Wie ein Alibi erscheinen da die wenigen Seiten, die der Geschichte der orientalischen Juden gewidmet sind.

Es ist diese unerzählte Geschichte, die im Land nach wie vor für das mangelnde öffentliche Bewußtsein über die Ungerechtigkeiten gegenüber den Sefardim verantwortlich ist. Hand in Hand geht damit auch eine absurde nachträgliche Traumatisierung der sefardischen Bevölkerung. Da der Holocaust spätestens seit den achtziger Jahren von der damaligen Likud-Regierung zur Conditio sine qua non des jüdischen Staates erhoben wurde und im entsprechenden Maß in die Lehrpläne aufgenommen wurde, rückte er ab diesem Zeitpunkt schlagartig ins öffentliche Bewußtsein, vor allem auch durch den Jom Hashoah. Diese europäische Katastrophe wurde nun auch den orientalischen Juden aufgedrückt, ohne daß jedoch in diesem Zusammenhang die islamischen Verfolgungen der vergangenen Jahrhunderte auch nur im geringsten berücksichtigt wurden.

Die Forderungen von Keshet scheinen nicht nur gerecht, sie scheinen sogar notwendig zu sein, um die israelische Gesellschaft von einer weiteren Form der Fundamentalisierung zu bewahren. Misrachim lassen sich nichts mehr gefallen – dieser Eindruck entsteht sofort, wenn man mit Betroffenen der jüngeren Generationen redet. Denn auch die zweite Generation und erst recht die dritte Generation identifizieren sich mit dem Leid der Eltern und Großeltern. Nachwirkungen erleben sie ja oftmals noch am eigenen Leib. Die angestaute Wut hat sich bei den letzten Wahlen bemerkbar gemacht. Der Aufsehen erregende Wahlerfolg von Schas, der dieser ultraorthodoxen Partei zehn Sitze in der Knesset beschert und sie damit zur stärksten religiösen Partei des Landes gemacht hat, ist nicht nur auf die Wählerstimmen ultraorthodoxer Sefardim zurückzuführen. Viele Wähler sind nicht religiös, sondern allenfalls traditionell eingestellt. Dennoch war Schas für sie die einzige Alternative zu den großen Parteien. Eine Protestwahl!

Israel täte also gut daran, sich den Ideen und Vorschlägen von Keshet und ähnlicher Gruppierungen nicht zu verschließen, andernfalls droht eine zunehmende religiöse Fundamentalisierung der Sefardim. El Hama'ajan ebnet den Weg dafür; das zunehmende Selbstbewußtsein der orientalischen Juden führt gleichzeitig zu einer verstärkten Ablehnung der Moderne, die als kulturelles Produkt der westlichen Welt und damit der Aschkenasim verstanden wird. Und schließlich könnte ein erfolgloser Versuch, die verkrusteten Denkstrukturen in Israel aufzubrechen, dazu führen, daß das Vertrauen in die demokratischen Protestmöglichkeiten schwindet. Warum nicht das Heil woanders suchen? Nicht selten reagieren Sefardim mit einem mitleidsvollen Lächeln auf die Frage nach ihrem Verhältnis zu den »Weißen«. Überlegenheitsgefühle kommen auf, und sie sind die erste Voraussetzung für einen Sturm auf das Establishment.

# Die Antizionisten

Die Forderung war unmißverständlich: Im Juni vergangenen Jahres verlangte ein orthodoxer Stadtrat in Haifa, daß aus dem Zoo der Stadt die Wildschweine entfernt werden sollten. Diese seien die Vorgänger der heutigen Schweine und somit unkoschere Tiere. Ihr Anblick würde die Gefühle religiöser Zoobesucher verletzen.

Eine Nachrichtenmeldung zum Lachen? Wohl kaum, wenn man sich darüber klar wird, daß solche Forderungen immer häufiger erhoben werden. Sie sind auch ein klarer Beleg für die Chuzpe der Ultraorthodoxen, der sogenannten Haredim, mit der sie inzwischen vorgehen, um ihre klar definierten Ziele zu erreichen.

Die Haredim sind keine homogene Gruppe, sie sind in verschiedene Parteien, Gruppen und Sekten zersplittert, die häufig miteinander in Konflikt geraten – meistens allerdings nur wegen ihrer jeweiligen Vorgehensweise, um ihr Ziel, das sie alle gemein haben, verwirklicht zu sehen.

Mea Shearim, das ultraorthodoxe Viertel Jerusalems: Touristen lieben diesen Teil der Heiligen Stadt. Durch die verwinkelten kleinen Sträßchen mit ihren winzigen Häusern, die eng aneinandergequetscht sind und, abgesehen vom grellen Sonnenlicht der Levante, ein wenig in ihrer Atmosphäre an schummrige Gegenden Prags erinnern, schwirren in immer gleicher Hektik skurrile, bunte Figuren: Männer in langen, dunklen Kaftans, mit klobigen,

staubigen Schuhen und seltsam anmutenden Kopfbe-
deckungen – unförmige Hüte aus Samt oder Filz, hohe
und breite, schmale und runde, die ihre Träger ein wenig
lächerlich wirken lassen. Doch diese Männer tragen
die Kleidung ihrer osteuropäischen Vorfahren aus dem
18. Jahrhundert mit Stolz. Die albernen Hüte mußten sie
einst aufsetzen, weil eine christliche Umwelt es so wollte, um sich an diesen vogelscheuchenartigen Wesen recht
herzlich ergötzen zu können. Aus der Demütigung zogen
die Juden ihr ganzes Selbstbewußtsein. Das gilt nicht nur
für diese Frommen, sondern auch für nichtreligiöse Juden, die heute den Davidstern gerne als Goldkettchen um
den Hals tragen, nachdem sie ihn vor noch nicht allzu-
langer Zeit als gelbes Abzeichen auf der Brust anheften
mußten.

An ihren Hüten sind die Haredim auch zu erkennen.
Jede Sekte hat ihre eigene Kleidervorschrift, ihre eigene
Hutform. Fast alle sind schwarz gewandet, nur die Neturei Karta, die »Hüter der Stadt« – eine kleine Gruppe in
Mea Shearim –, trägt mit Vorliebe schwarzweiß gestreifte
Gewänder. Manche haben Knickerbockers mit weißen
Strümpfen an, alle aber tragen deutlich sichtbar die langen, eingedrehten Schläfenlocken, die beim hastigen
Laufen wild um ihre Gesichter herumbaumeln und sie
noch fremdartiger erscheinen lassen. Ihre Gesichter sind
bleich. Sie haben keine Zeit, sich der Sonne auszusetzen;
sie müssen die heiligen Schriften in ihren Lernstuben studieren, interpretieren und diskutieren. Und alle, alle tragen sie Brillen, einfache Krankenkassengestelle. Durch
das Hin- und Herwippen beim Lesen der Thora und des
Talmud von Kindesbeinen an haben die meisten Haredim
schon frühzeitig eine Augenmuskelschwäche für den Rest

ihres Lebens. Die Brille ist längst Teil ihrer »Uniform« geworden.

Auf den Straßen von Mea Shearim sieht man nur selten Frauen. Sie gehören ins Haus und haben sich um Küche und Kinder zu kümmern. Und wenn dann doch eine auf der Straße auftaucht, trägt sie meist einen »Scheitel«, wie eine Perücke auf Jiddisch genannt wird, oder ein enganliegendes Kopftuch. Wie fromme Musliminnen sollen auch jüdische Frauen ihr betörendes Haupthaar vor den Blicken fremder Männer verstecken. Diese Reize sind ausschließlich für den eigenen Mann vorgesehen – doch dieser bekommt, in Mea Shearim zumindest, nur einen kahlrasierten Schädel zu sehen. So will es die Tradition dieser Juden, die um vieles strikter und extremer ist, als die Halacha es fordert. »Ein Minhag geht über ein Din« – ein Brauch steht über einem Gesetz, wie es heißt.

Die Hauswände in Mea Shearim sind in mehreren Schichten über und über mit Plakaten, Anzeigen und Informationen beklebt und erfüllen eine ähnliche Funktion wie die Wandzeitungen in China. Der Bewohner von Mea Shearim erfährt die wichtigsten Neuigkeiten nicht nur aus den ultraorthodoxen Zeitungen, sondern von den Hauswänden: Daß ein bekannter Gelehrter gestern gestorben ist und die Beerdigung am heutigen Vormittag stattfindet, daß der Schiur – der Unterricht – eines großen Ilui – eines Erleuchteten – am Abend im Stibl einer bestimmten Sekte stattfinden wird, daß die säkularen Zionisten neue Angriffe gegen die Heiligkeit des Schabbat vorbereiten.

Es ist eine fremde, eine andere Welt. Ein Ghetto. Ein Leben im Gelobten Land, aber außerhalb des Staates Israel; denn diesen erkennen die Haredim nicht an. Er ist in ihren Augen eine Blasphemie, eine Auflehnung gegen den göttlichen Plan, eine Herausforderung Gottes. Es darf keinen jüdischen Staat vor der Ankunft des Messias geben, so sieht es der Ribbon schel Olam, der Herrscher der Welt, vor.

Hier, in Mea Shearim und in anderen, ähnlichen Stadtvierteln, lebt der harte Kern jener fanatischen Frommen, die ihren Widerstand gegen den Staat nicht aufgegeben haben, die keinerlei Heilslehre aus seiner Existenz ableiten, wie dies die nationalreligiösen Siedler und ihre Vordenker tun. Hier, mitten im Herzen Israels und Jerusalems, lebt man immer noch im Galut, im extremsten Exil, in der vielleicht schlimmsten Diaspora, als Juden unter Juden. Man wartet auf die Erlösung, die am Ende der Tage endlich kommen wird; das aber nur, weil die Menschen hier für die rechte Lebensweise gekämpft haben, weil sie die einzig wahren Vertreter des Judentums sind, weil sie, und nur sie, das Erbe der Vorväter, das Erbe Awrahams, Jitzchaks und Jaakows, ordentlich verwaltet haben.

Früher hatten sie an ihre Häuser noch eindeutige Losungen geschrieben: »Zionism is diametrically opposed to Judaism«, stand da. Das ist heute nicht mehr nötig. Ihre Verweigerung ist bekannt, ihre Position längst etabliert – im zionistischen Staat.

Sie lehnen ihn ab, und doch nehmen sie an Medinat Jisrael teil. Sie haben sogar ihre eigenen Parteien, die in der Knesset vertreten sind und obendrein Minister in vielen Regierungen stellten, wie auch jetzt unter Ministerpräsident Benjamin Netanyahu.

Die Kinder dieser Ultraorthodoxen leisten selbstverständlich keinen Militärdienst – ein Umstand, der auf den Status quo unter Ben Gurion zurückgeht. Als die Frommen damals von dem Zionistenführer verlangten, daß sie einen Mindesteinfluß auf den zu gründenden Staat erhielten, forderten sie ebenso eine Freistellung der Talmudstudenten vom Militär. Ben Gurion sah darin kein großes Problem, schließlich handelte es sich damals nur um einige wenige hundert; und wenn die Haredim dadurch ihre Ablehnung eines säkularen jüdischen Staates unter Beweis stellen konnten, ansonsten aber kooperierten, so konnte das dem sozialistischen Kibbuznik nur recht sein. Das Problem hat inzwischen beträchtliche Ausmaße angenommen, denn heute sind es mehrere zehntausend Religionsstudenten, die vom Militärdienst befreit sind – eine Belastung für den Staat auch in finanzieller Hinsicht, wie sich wieder einmal in dem umstrittenen Budget für 1998 zeigte. Aufgrund von Erpressungen seitens der orthodoxen Koalitionsparteien werden Jeschiwa-Studenten mittlerweile jeweils mit rund 100 000 Schekel pro Jahr unterstützt. Die finanzielle Unterstützung der Universitätsstudenten, die alle Militärdienst leisten, bleibt weit dahinter. Im Januar 1998 reagierten die Studenten mit ersten Streiks gegen diese Entscheidung.

Diese merkwürdige »Balance« zwischen Ablehnung von Medinat Jisrael und einer gleichzeitigen Beteiligung am Judenstaat führt zu den frivolsten und bedrohlichsten Drahtseilakten, die nicht nur die Haredim in den Augen der Zionisten als Verräter und Schmarotzer darstellen, sondern sie bedrohen die Existenz des Staates oder, genauer gesagt, die geistige Verfassung Israels.

Der derzeitige stellvertretende Wohnungsbauminister Meïr Porush von der Partei Agudat Jisrael, also der aschkenasischen Ultraorthodoxie, ist ein lebendiges Beispiel für diese Diskrepanz. Porush, Sohn eines berühmten Rabbiners und selbst Rabbiner, ist von Amts wegen der derzeitige Wohnungsbauminister des Staates Israel. Da er als Haredi den Staat aber nicht anerkennen kann, gilt für ihn die Bezeichnung »stellvertretender Minister« – als ob es einen »wirklichen« Minister gäbe, der die eigentliche Verantwortung trägt und damit auch aktiver Teilnehmer am politischen Geschehen von Medinat Jisrael ist, wohingegen Porush ja nur gezwungenermaßen im Augenblick die Amtsgeschäfte führt, bis irgendwann – nämlich nie – der echte Minister plötzlich auftaucht und alles übernimmt.

Diese Haarspalterei in Sachen Selbstdefinition ist für Agudat Jisrael nötig geworden, da sie längst am politischen Geschehen des Staates teilnimmt, den sie doch so entschieden ablehnt. Es handelt sich hier um einen für herkömmliche Demokratien völlig inakzeptablen Zustand, da solche Parteien und Politiker zu Recht als »verfassungsfeindlich« eingestuft würden. Doch auch in dieser Hinsicht hatte David Ben Gurion sich und den Frommen ein Hintertürchen offengelassen: Der Staat Israel hat bis heute keine Verfassung, einerseits weil Ben Gurion 1948 die Frage der endgültigen Grenzen nicht beantworten konnte und wollte, andererseits weil die orthodoxen Parteien darauf bestanden, daß es eine Verfassung für den jüdischen Staat längst gäbe: die Halacha – das jüdische Religionsgesetz, das für einen Judenstaat schon immer bindend war. Was aus der Sicht Ben Gurions als diplomatisch geschickter Coup gedacht war, erweist sich heute längst als Bumerang. Denn nur durch das Fehlen einer Verfassung und einer Deklaration der Menschenrechte ist es möglich, daß religiöse Fundamentalisten an einem Staat politisch teilhaben, den sie ablehnen und in seinem demokratischen Charakter grundsätzlich verändern wollen.

Nur so läßt sich verstehen, wie es Meïr Porush möglich ist, in seinem dezent eleganten Büro im Wohnungsbauministerium hinter einem mächtigen Schreibtisch zu sitzen, von seinen ihn völlig überlastenden Aufgaben zu sprechen und gleichzeitig jede Verantwortung für seine Entscheidungen und deren Folgen abzulehnen.

Porush, im dunklen Kaftan und mit einem schwarzen Käppchen auf dem Kopf, mit rötlich-blondem Bart, der ihm bis zur Brust reicht, und den langen Schläfenlocken, die er sich hinter die Ohren geklemmt hat, hat offenbar keinerlei Probleme mit seiner widersprüchlichen Haltung. Diese Schwäche des demokratischen Prinzips ist ein altbekanntes Phänomen. Die Demokratie läßt Kräfte zu, die auf demokratischem Weg die Möglichkeit finden, genau das politische System abzuschaffen, das sie an die Macht gebracht hat – siehe Deutschland im Jahre 1933. Und wenn sich die Demokratie im letzten Moment dagegen zu wehren versucht – siehe Algerien heute –, bedient sie sich zwangsläufig undemokratischer Mittel.

Meïr Porush ficht dies alles nicht an. Er tut ja nichts anderes, als Wohnungen bauen zu lassen. Daß man damit auch Politik treiben kann, weiß er natürlich. Dennoch weist er diesen Gedanken weit von sich. Auf die Frage, inwieweit er es denn politisch rechtfertigen kann, in den besetzten Gebieten fortwährend neue Wohneinheiten errichten zu lassen, antwortet er gelassen und höchst distanziert: »Die Regierung gibt mir den Auftrag, in ganz Eretz Jisrael zu bauen, und somit baue ich in ganz Eretz Jisrael, natürlich auch in Juda und Schomron.« Porush verwendet die geographischen Termini der Bibel und enthebt sich damit jeder Verantwortung. Natürlich muß er diese Begriffe verwenden: Medinat, der Staat, ist für ihn ja eine

Größe, die er vernachlässigen darf, da dieser Staat dem göttlichen Plan zuwiderläuft. Nur Eretz – das Land – zählt, das von Gott verheißene Land. Daß auf diesem heiligen Boden auch noch andere Völker leben, ist in seinem Weltbild nicht vorgesehen. Der verstorbene Lubawitscher Rebbe, Menachem Mendel Schneerson, eine der herausragenden chassidischen Führungspersönlichkeiten der letzten 50 Jahre, hatte das Problem der besetzten Gebiete auf äußerst simple Weise gelöst: Das jüdische Volk könne dieses Territorium überhaupt nicht zurückgeben, da man nur zurückgeben könne, was einem auch gehöre. Das Land, Eretz Jisrael, sei den Juden von Gott lediglich verpachtet worden. Wie aber könne man gepachtetes Land an einen Dritten abgeben?

Porush sieht dies ganz ähnlich und macht keinen Unterschied zwischen dem Territorium diesseits und jenseits der Grünen Linie. Vom theologischen Standpunkt aus betrachtet ist er nur konsequent – konsequenter als manch säkularer Zionist, den er und seine Gefolgsleute natürlich mit Recht, mit seinem Recht, fragen, wo eigentlich der Unterschied sei zwischen einer Siedlung in Judäa und einem jüdischen Dorf in Galiläa. Beide befänden sich auf heiligem Boden.

Doch Porush wäre kein echter Haredi, wenn er seine Position nicht dazu benutzen würde, den Staat für seine, das heißt für seiner Gefolgsleute Zwecke zu nutzen. Seitdem Netanyahu die Regierung führt, hat sich der Wohnungsbau in Israel auf die Errichtung adäquater Wohnungen für ultraorthodoxe Familien konzentriert. Aufgrund ihrer strengen Gesetzestreue brauchen solche Familien bestimmte bauliche Bedingungen, die es ihnen erleichtern, die Gebote Gottes einzuhalten. Dies führt nicht nur dazu, daß der soziale Wohnungsbau seit 1996 zurückgeht und somit viele ökonomisch benachteiligte Familien und ethnische Gruppen wie Äthiopier, Russen und Sefarden in Schwierigkeiten geraten; Porush ist zusätzlich dazu übergegangen, neue Dörfer und Siedlungen innerhalb der Grünen Linie zu bauen, die ausschließlich für ultraorthodoxe Familien vorgesehen sind. Somit leistet er wissentlich einer weiteren Ghettoisierung der Haredim Vorschub. Auf die Frage, wie er es denn verantworten könne, daß die große Mehrheit der Bevölkerung, die nicht ultraorthodox ist, nicht mit dem entsprechenden Zuwachs auf dem Wohnungsmarkt rechnen könne, verweist er lakonisch auf die vorherige linke Regierung, die für die Frommen diesbezüglich ebensowenig unternommen habe. Insofern gleiche er nur alte Ungerechtigkeiten aus.

Daß er die Sozialgesetzgebung verändert hat, derzufolge kinderreiche arabische Familien beim Wohnungsbau innerhalb des Kernlandes Israels zu berücksichtigen sind, daß er diese Gesetzgebung zugunsten der jüdischen Bevölkerung – und da nochmals besonders zugunsten der kinderreichen Familien, also der Ultraorthodoxen – verändert hat, daß er also aus rassistischen Beweggründen eine Gesetzesänderung vorgenommen hat, berührt ihn überhaupt nicht. Er geht auf dieses Argument nicht einmal ein, als ob er sein Gegenüber nun nicht mehr ernst nehmen könne angesichts einer so offensichtlich dummen Frage, die auf eine Unkenntnis der israelischen Realität schließen lassen könnte.

Die Unterwanderung des demokratischen Systems läuft schleichend und ist für die breite Mehrheit der Bevölkerung kaum wahrnehmbar. Die offensichtliche Bevorteilung der Haredim wird zwar zur Kenntnis genommen, doch nur wenigen ist klar, daß dies schon längst nicht mehr die ersten Schritte hin zu einer anderen Art von Staat sind. Welche andere Art von Staat die Haredim anstreben, ist offensichtlich. Sie wollen den Gottesstaat, wobei man allerdings zwischen den Zielvorstellungen der aschkenasischen und der sefardischen Orthodoxen unterscheiden muß.

Ein Treffen mit Israel Eichler, dem Chefredakteur der ultraorthodoxen Zeitung *Hamachane HaHaredi* (»Das ultraorthodoxe Lager«), in einem Jerusalemer Mittelklassehotel: Eichler ist ein Belser Chassid, also ein Anhänger des Rebben von Bels, einer der wichtigsten und einflußreichsten chassidischen Sekten in Jerusalem. Er erscheint in seiner traditionellen Kleidung: schwarze Knickerbocker mit hellen Strümpfen, schwarzer Kaftan, unter dem die Zizit, die Schaufäden, hervorlugen. Er hat lange Schläfenlocken und trägt über dem schwarzen Käppchen einen runden, hohen Hut. Eichler ist Anfang Vierzig und Oberhaupt einer vielköpfigen Familie, wobei er das Dutzend Kinder noch nicht erreicht hat. Er ist ein überaus gutaussehender Mann, sein freundliches Gesicht hat eine derart sympathische Ausstrahlung, daß man fast bereit ist, seinen durchaus undemokratischen Standpunkt zu überhören. Eichler ist eine Galionsfigur der Frommen. Er gilt als offen und dialogbereit; immer wieder wird er von seinen Leuten vorgeschickt, wenn es darum geht, mit den säkularen Juden ins Gespräch zu kommen. Man merkt, daß Eichler darin Übung hat. Er läßt sich keineswegs dadurch irritieren, daß sein Gesprächspartner kein Käppchen trägt; er ist nicht einmal überrascht, daß eine Frau mit am Tisch sitzt, die es wagt, in seiner Gegenwart

Hosen zu tragen, und obendrein auch noch das Wort an ihn richtet – beides ist in seinen Kreisen völlig undenkbar. Eichler beginnt mit versöhnlichen Worten. Es sei an der Zeit, daß die beiden Lager endlich Frieden miteinander schlössen; es könne nicht angehen, daß Klal Jisrael in einem Bruderkrieg versinke. Man müsse miteinander reden. Wir alle seien doch Juden, egal ob fromm oder säkular. Seine Worte klingen echt; dennoch ist auch er ein Wolf, der Kreide geschluckt hat. Denn im gleichen Atemzug macht er der linken Presse schwere Vorwürfe wegen der angeblichen Hetzkampagne, die sie gegen die Haredim entfacht habe. Zum Beweis zieht er eine Tageszeitung hervor, die darüber berichtet, daß der Belser Rebbe bei seiner Rückkehr aus Kanada in Tel Aviv gegen den wilden Protest seiner Anhänger nicht wie ein Staatsmann mit allen Ehren empfangen worden sei, sondern wie jeder beliebige israelische Bürger. »Dabei ist er doch ein Admor«, ereifert sich Eichler. Und er verweist darauf, daß der Admor, wie die großen Rabbiner ehrfurchtsvoll genannt werden, in Kanada am Flughafen mit allen Ehren – rotem Teppich und Luxuslimousine – empfangen worden sei. »Können Sie sich das vorstellen? Eine gojische Regierung empfängt ihn wie einen König, und eine jüdische Regierung verweigert ihm diese Ehre. Daran sind nur die Linken schuld. Sie hetzen die Bevölkerung gegen uns auf!« Aus ist es mit dem versöhnlichen Dialog, der noch gar nicht richtig begonnen hat. Und Eichler ist klug genug, die Rolle seines eigenen Blattes und das anderer orthodoxer Zeitungen bei diesem Kulturkampf zu verschweigen.

1996: Nach dem Amtsantritt Benjamin Netanyahus kam es zu einer ersten ernsthaften Machtprobe zwischen den

Haredim und dem demokratischen Staat. Jerusalem, das in den letzten zehn Jahren zunehmend »schwärzer«, also frommer geworden ist, Jerusalem, in dem die Haredim dank ihrer großen Zahl an Nachkommen in immer mehr ursprünglich säkulare Viertel hineindrängen, ausgerechnet Jerusalem, die »Stadt des Friedens«, wurde nun wieder ein Schauplatz gewalttätiger Auseinandersetzungen. Der Streit entzündete sich an der Bar-Ilan-Street. Diese für den Durchgangsverkehr enorm wichtige Straße, die den Norden der Stadt mit dem Zentrum verbindet, führt durch ausschließlich orthodoxe Stadtteile. Die frommen Anlieger forderten, daß diese Straße am Schabbat für den Verkehr gesperrt wird; die durchfahrenden Autos seien eine Beleidigung und störten ihre Schabbatruhe. Die Forderung wurde zunächst abgelehnt. Es kam zu ersten Protestaktionen. Am Schabbat besetzten Chassidim die Straße und hinderten die Autos an der Durchfahrt. Einige warfen Steine. Die Polizei mußte eingreifen. Die Auseinandersetzungen wurden von Schabbat zu Schabbat immer gewalttätiger. Immer mehr Dossim – Frömmler – demonstrierten für die Schließung der Straße, mit dem Kampfruf »Schabbes« belagerten sie die Autos, bewarfen die Fahrzeuge mit Steinen und richteten ihre Aggression schließlich auch gegen die berittene Polizei, die dem Spuk ein Ende zu bereiten versuchte. Es kam zu einer regelrechten Staatskrise. Die säkulare Opposition, einschließlich einiger säkularer Minister in der neuen Regierung, faßte den Protest als Kampfansage gegen die Demokratie auf, als erste Machtprobe unter den veränderten politischen Verhältnissen, die auf alle Fälle gewonnen werden mußte, wenn Israel pluralistisch und demokratisch bleiben sollte. Die Auseinandersetzungen wurden von Woche zu Woche schlimmer. Netanyahu und sein Innenminister, Avigdor Kahalani, versuchten, eine weitere Eskalation der Gewalt zu verhindern. Die oppositionelle Meretz-Partei rief zu Gegendemonstrationen am Schabbat in der Bar-Ilan-Street auf. Der Kampf um die Straße bestimmte viele Wochen das innenpolitische Klima. Schließlich wurde das Oberste Gericht angerufen, das eine Schließung der Straße verbot. Avigdor Kahalani erreichte endlich einen Kompromiß, mit dem beide Seiten nun mehr schlecht als recht leben können und müssen: Die Straße wird zu den Hauptgebetszeiten am Schabbat und an Feiertagen geschlossen, ansonsten ist freie Durchfahrt garantiert. Oberflächlich entspannte sich die Situation, tatsächlich ist es jedoch zu keinerlei Kompromiß gekommen. Die meisten Autofahrer meiden seitdem trotz der Fahrerlaubnis am Schabbat die Straße, weil sie befürchten, mit Steinen beworfen zu werden, die ultraorthodoxen Kreise schreien Zeter und Mordio gegen diese ungerechte Entscheidung, die für sie nur ein vorübergehendes Zwischenergebnis auf ihrem Weg zum Ziel sein kann. Es sind Blätter wie das von Israel Eichler, die in diesen Auseinandersetzungen das Oberste Gericht und dessen Vertreter massiv angreifen. Da dieses Gericht nach gojischen und nicht nach jüdischen Gesichtspunkten urteile, sei es für jeden religiösen Juden null und nichtig. Einige Rabbiner gehen sogar so weit, daß sie öffentlich in diesen Organen die Ermordung des Obersten Richters Aharon Barak fordern. Erschrocken und panikartig reagiert die säkulare Öffentlichkeit. Die Ermordung von Jitzchak Rabin durch einen religiösen jüdischen Fundamentalisten hat ein unüberwindbares Trauma hinterlassen, und die Drohungen der Rabbiner werden sehr ernst genommen.

Auch die Regierung Netanyahu wendet sich öffentlich gegen diese unverhohlenen Aufforderungen zum Mord und will den Obersten Richter durch Bodyguards schützen lassen. Doch echte Konsequenzen brauchen die Rabbiner nicht zu fürchten, denn ihre Parteien stehen mit in der Regierungsverantwortung.

Natürlich melden sich andere Rabbiner zu Wort, die das Vorgehen ihrer Kollegen verurteilen; die Oberrabbiner des Staates rufen zur Mäßigung und zum Konsens auf. Es bleibt der üble Nachgeschmack zurück, daß ausgerechnet in manchen religiösen Kreisen Mord mittlerweile als legitimes Mittel zur Durchsetzung politischer Ziele akzeptiert wird.

Von all dem redet Eichler natürlich nicht. Statt dessen bemüht er sich, Sympathien zu gewinnen, und zitiert den jüdischen Witz, daß alle Juden gleich seien. Doch wie heißt es in diesem Witz weiter: Einige aber sind gleicher.

Eichler will keinen Gottesstaat – und hier vertritt er die Grundposition der aschkenasischen Haredim: Er beklagt die täglichen Verluste junger israelischer Soldaten an der Front im Libanon; er verurteilt die Vorgehensweise von Gusch Emunim und die unmenschliche Behandlung der Palästinenser durch die Zahal, die Armee. Am liebsten würde er die Armee ganz abschaffen. Wie aber solle sich dann der jüdische Staat verteidigen, wenn es keine Armee geben dürfe? »Wieso verteidigen?« erwidert er verwundert. »Wenn es keinen jüdischen Staat gibt, braucht er sich doch auch nicht zu verteidigen. Das ganze zionistische Konzept ist ein Fehler gewesen. Wir Haredim haben schon immer mit den Arabern im Lande in Frieden gelebt. Wenn es keinen jüdischen Staat gibt, gibt es keine Armee. Ohne Armee keine Toten. Wir können in Frieden hier leben und auf den Maschiach warten.« Seine eigene Familie lebt nach seiner Aussage bereits seit mehreren Generationen in Eretz Jisrael. Nie habe es Schwierigkeiten gegeben. Erst seitdem die Zionisten sich des Landes bemächtigt hätten, gäbe es Spannungen, Feindseligkeiten, Krieg. Hamas und Jihad würden sich freuen, wenn sie die Worte Eichlers vernehmen könnten.

Der ultraorthodoxe Rabbi Hirsch, ein ursprünglich amerikanischer Jude, der zum engen Kreis der Neturei Karta gehört, hat diese Haltung in praktische Politik umgesetzt: Viele Jahre bevor die israelische Regierung die PLO und damit Yassir Arafat als Gesprächspartner akzeptiert hatte, traf sich Hirsch mit dem Palästinenserführer und diskutierte mit ihm Möglichkeiten, wie man dieses »zionistische Gebilde« wieder auflösen könnte. Beide hatten unterschiedliche Motive, doch das gleiche Ziel machte sie zu Verbündeten. Als die Palästinenser schließlich die Teilautonomie erhielten, bedankte sich Arafat bei seinem langjährigen Weggefährten: Er setzte Rabbi Hirsch als palästinensischen Minister für jüdische Angelegenheiten ein. Das Foto, auf dem sich beide Männer die Hand reichten, ging um die Welt. Doch wer nun glaubt, Rabbi Hirsch lebe in den palästinensischen Autonomiegebieten, irrt: Er lebt auch weiterhin in Mea Shearim, dem Stadtviertel der Frommen im Westteil Jerusalems – also in dem Staat, den er ganz entschieden abschaffen möchte. Und das alles natürlich nur, um auf den Wegen des Herrn so zu wandeln, wie Er es angeblich befohlen hat…

Es wäre vorschnell, allein die Orthodoxen für diese Verrohung verantwortlich zu machen, allein ihnen vorzuwerfen, daß sie die demokratischen Institutionen des Staates unterminieren. Hauptverantwortlich für diese unerträgliche Situation sind die beiden großen säkularen Parteien: Likud und Avoda. Denn seit dem Wahlsieg Menachem Begins 1977 hat die Konkurrenz zwischen den beiden Lagern dazu geführt, daß die religiösen Parteien an Bedeutung gewannen. Nur in Ausnahmezeiten gab es eine Koalition der »Nationalen Einheit«, die die religiösen Parteien ins Abseits verbannte. Die allmähliche Aushöhlung der Demokratie wird also von den säkularen Parteien mitbetrieben. Kurzsichtiges Denken und Machtstreben führten dazu, daß beide Seiten sich immer wieder auf die Maximalforderungen der Religiösen einlassen, ihnen bei Koalitionsverhandlungen enorme Versprechungen machen und somit den an sich stabilen Staat von innen her erschüttern. Als Jitzchak Rabin mit der Unterstützung der arabischen Parteien in der Knesset seine Friedenspolitik durchsetzte, wurde ihm von seinen politischen Gegnern vorgeworfen, er habe keine echte, keine jüdische Mehrheit für die Oslo-Verträge gehabt. Diese Vorwürfe bereits im Vorfeld ahnend, hatte sich Rabin gehütet, die arabischen Parteien in die Regierungskoalition aufzunehmen. Und doch wog der Vorwurf schwer. Nach seiner Ermordung setzte Likud das Argument der fehlenden »jüdischen Mehrheit« im Wahlkampf gegen Shimon Peres ein – mit Erfolg. Und Likud scheute sich auch nicht, den Wahlslogan der Lubawitscher Chassidim für sich auszuschlachten: »Netanyahu ist gut für die Juden.« Dieses Konzept zeigt bereits, daß es um die Demokratie nicht gut bestellt sein kann, wenn rechtmäßig gewählte – wohlgemerkt israelische – Palästinenser in der Knesset nicht als gleichberechtigte Parlamentarier akzeptiert werden. Wenn also Avoda sich dieser Leute für ihre Zwecke bedient, wo ist da der Unterschied zu Likud, die sich der fundamentalistischen jüdischen Parteien bedient, um ihre Politik durchzusetzen?

Israel Eichler mag auf diese »Spitzfindigkeiten« nicht eingehen. Es sei doch selbstverständlich, daß Klal Jisrael immer eine Einheit bleiben müsse. Seine Worte klingen wie Hohn, wenn man bedenkt, daß sein Ziel natürlich ein orthodoxes Leben in Eretz Jisrael ist. Der sogenannte Dialog mit den Säkularen soll letztendlich dazu dienen, diese zu bekehren.

Ganz anders reagiert dagegen ein Mann wie Shlomo Benizri, der (tatsächliche) stellvertretende Gesundheitsminister der Regierung Netanyahu. Der 35 Jahre alte Benizri ist Mitglied der Schas; seine Vorfahren stammen aus Marokko. Der Mann mit den kurzen graumelierten Haaren und dem dichten graugesprenkelten Bart hat stechendgrüne Augen, mit denen er seine Gesprächspartner charmant, aber ernst fixiert. Auch er ist ein Vorzeigefrommer seiner Gesinnungsgenossen. Denn Benizri ist ein »Choser Betschuwa«, einer, der irgendwann erst in seinem Leben zur Religion »zurückgefunden« hat. Er kennt also die säkulare Seite; er versteht ihre Sprache, kennt ihre Argumente und weiß, wie er auf sie zugehen muß, um seine Ziele erfolgreich zu verfolgen – das glauben zumindest die anderen Schas-Leute.

Benizri hat, anders als Porush oder Eichler, jedoch ähnlich wie Benny Elon, Charisma und Charme. Er ist ein faszinierender Fanatiker. Seine Geisteswelt ist simpel strukturiert, dennoch (oder gerade deshalb) verführt sie die Verführbaren. In seinem Amtszimmer steht direkt hinter seinem Schreibtisch die israelische Flagge – das Insignium seines hohen Amtes. Doch seine Worte verhöhnen das Hoheitszeichen des demokratischen Judenstaates, denn er wünscht sich nichts sehnlicher als den halachischen Staat, den Gottesstaat, der ausschließlich nach den Gesetzen der Thora geführt wird.

»Natürlich werden wir den säkularen Zionismus besiegen, weil er den Menschen immer nur die amerikanische oder die europäische Kultur vermittelt hat. Die Zionisten machten das jüdische Volk zu einem Volk wie jedes andere auf der Welt. Die Menschen hier wollen das aber nicht, sie wollen ein ganz besonderes Leben. Sie wollen einen Sinn in ihrem Leben, und den finden sie in der säkularen Gesellschaft nicht. Die Menschen werden daher wieder religiös. Und wenn Sie mich nach der Zukunft fragen, dann kann ich Ihnen sagen, daß wir in 5, 10 oder 20 Jahren die Mehrheit in diesem Lande sein werden.« Und dann, dann kann der Staat endlich zu einem wahrhaft jüdischen Staat umgewandelt werden.

»Hier in Israel wird das Gesetz dann natürlich die Halacha, das Religionsgesetz, sein. Wer sagt, daß das säkulare Recht besser ist als die Gesetze der Thora? Wenn Sie mich fragen: Ich finde, daß die Gebote Gottes und das Gesetz der Thora besser sind als die säkularen Gesetze.« Spätestens hier kann er den religiösen Fundamentalisten auf der muslimischen Seite die Hand reichen...

Benizri ist dermaßen von seiner Idee überzeugt, daß er sich sogar weigert, das Land Israel zu verlassen. Noch nie in seinem Leben war er außerhalb Israels. Er sieht nicht ein, wozu das gut sein solle, schließlich gäbe es doch in Israel alles, was es sonst auf der Welt auch gäbe. Er spricht nur mühsam Englisch, und erst jetzt, in seiner Funktion als stellvertretender Minister, nimmt er Sprachunterricht, weil er immer häufiger ausländischen Journalisten Interviews geben muß. Benizri ist eine beliebte Anlaufstelle

für die internationalen Medien. Er wirkt wie ein Paradies-
vogel, schillernd und schrill. Die Zahl der Menschen, die
so denken wie er, wächst täglich. Und Benizri ist mit dafür
verantwortlich. So gut wie jeden Abend hält er im Lande
vor vollen Sälen Vorträge über die Thora und bemüht
sich mit großem Erfolg, die sefardische Mittelschicht zum
Religionsgesetz zurückzuholen. Die Chosrei-Betschuwa-
Bewegung bei den Sefardim wächst nicht zuletzt deswegen, weil, wie schon dargestellt, die grundsätzliche Bindung zur eigenen Tradition niemals ganz aufgegeben
wurde.

Auf die Frage, inwiefern sich ein halachischer jüdischer
Staat noch vom Iran der Ayatollahs unterscheiden würde,
reagiert Benizri mit einem durchaus komischen Zirkel-
schluß: »Ach, kommen Sie«, lacht er freundlich, »wir sind
doch kein totalitärer Staat, wir sind doch demokratisch!«
Angesichts solcher Absurditäten läßt sich nur noch
schwerlich streiten.

Der Kampf um die Straße ist, zumindest in Jerusalem, bereits entschieden. Die Bilder der Orthodoxen, die am
Schabbat auf vorbeifahrende Autos Steine werfen, sind
nicht erst seit dem Kampf um die Bar-Ilan-Street bekannt. Aus ähnlichen Beweggründen haben orthodoxe
Juden vor einigen Jahren öffentliche Bushaltestellen, an
denen Werbeplakate mit »unzüchtig« gekleideten Frauen
angebracht waren, in Brand gesetzt. Die Demonstrationen gegen Kinos, die in Jerusalem am Freitagabend Filme
vorführen, sind den Jerusalemer Bürgern noch in bester
Erinnerung. Damals haben die Säkularen schon einmal
um ihre Rechte gekämpft. Das Paradoxon, das Jerusalem
heute erfaßt hat, ist faszinierend: Immer mehr Stadtteile,
die einst säkular waren, sind von den »Schwarzen« über-

nommen worden. Gleichzeitig gibt es heute mehr denn je zuvor Kaffeehäuser, Restaurants und Kneipen, die am Schabbat offen haben – allerdings wirken die Gegenden, in denen sie liegen, wie letzte Reservate der Nichtreligiösen. Und tatsächlich wandern immer mehr liberale Juden nach Tel Aviv ab, weil sie die fundamentalistische Atmosphäre der Hauptstadt nicht mehr ertragen. Dort, in der selbsternannten Hochburg des westlich-hedonistischen Lebensstils, wähnt man sich vor dem Zugriff der Rabbis sicher. Doch diese haben bereits zum Sturm auf Tel Aviv geblasen. Erst jüngst demonstrierte eine Rabbinerversammlung gegen das Brechen der Schabbat-Gebote in der Metropole.

Die Macht der Orthodoxie ist nicht zuletzt begründet in ihrem Monopol auf die Zivilstandsrechte. Geburt, Heirat, Scheidung, Beerdigung – all diese einschneidenden Ereignisse im Leben eines Menschen werden in Israel ausschließlich vom Rabbinat verwaltet. Es gibt keine standesamtlichen Eheschließungen, keine entsprechenden Scheidungen. Damit aber ist die große Mehrheit der Israelis der Willkür einer religiösen Minderheit ausgesetzt. Denn es geht nicht nur darum, daß sich jeder Israeli zwangsläufig einer religiösen Trauung unterziehen muß – einer Entscheidung, die die meisten aus Traditionsliebe sowieso freiwillig fällen würden. Das orthodoxe Rabbinat kann auch entscheiden, wer Jude ist und wer nicht. Diese Frage – »Wer ist Jude?« – bewegt das Judentum, vor allem gegen Ende des 20. Jahrhunderts, aufs äußerste. Die herkömmliche Definition lautet: Jude ist, wer als Kind einer jüdischen Mutter geboren wurde oder sich einer Konversion entsprechend der Halacha unterzogen hat. Mit dieser Definition, die für das Rabbinat bindend ist, beginnen jedoch die ersten Konflikte mit dem säkularen »Rückkehrgesetz« des israelischen Staates. Dieses Gesetz besagt, daß jeder Jude nach Israel einwandern und sofort die israelische Staatsbürgerschaft erhalten kann. Doch in diesem Gesetz ist die Definition »Jude« weitaus großzügiger gehandhabt worden, als die orthodoxe Definition dies erlaubt. Denn unter das Rückkehrgesetz fallen auch Menschen, deren Väter, nicht unbedingt aber deren Mütter, Juden waren. Und natürlich hatte der jüdische Staat 1948 alle diejenigen Menschen mit offenen Armen empfangen, die nach den Nürnberger Rassegesetzen von 1935 Juden waren und in den KZs der Nazis ein Martyrium durchlitten hatten, die allerdings, nach jüdischen Gesichtspunkten, keine Juden waren.

Bei den letzten beiden großen Einwanderungswellen wurde die Diskrepanz zwischen säkularem und religiösem Gesetz offenkundig. Sowohl die sowjetischen als auch die äthiopischen Immigranten mußten aufgrund der unterschiedlichen Definition des Begriffs »Jude« vielerlei Demütigungen über sich ergehen lassen.

Die Frage, wer nun eigentlich Jude sei, ist von großer Bedeutung für die Unterstützung bedrängter jüdischer Gemeinden im Ausland. Die Sochnut kann immer nur dann eingreifen, wenn eine Gemeinde vom israelischen Oberrabbinat als jüdisch deklariert wurde. Im Falle der äthiopischen Juden war dies ein besonderes Problem. Diese schwarzen Juden, die fast 2000 Jahre keinen Kontakt zur jüdischen Gemeinschaft hatten und deswegen die gesamte talmudische Entwicklung des Judentums nicht mitmachen konnten, waren lange Zeit in ihrem Status als Juden höchst umstritten.

Im Winter 1955 war eine Gruppe von zwölf äthiopischen

Jungen und Mädchen auf dem Flughafen Lod bei Tel Aviv gelandet, um als Lehrer an der religiösen Schule von Kfar Batya ausgebildet zu werden. Die Ankunft der Kinder löste die Diskussion um den halachischen Status der Beta Israel, wie sich die äthiopischen Juden selber nennen, zwischen den damaligen israelischen Oberrabbinern aus. Obwohl der aschkenasische Oberrabbiner Rabbi Jitzchak Halevi Herzog die Aktion begeistert befürwortete, beschäftigte er sich ebenso intensiv wie sein Kollege, der sefardische Oberrabbiner Rabbi Jitzchak Nissim, mit der Frage des Ursprungs der äthiopischen Juden und mit ihren Heiratsritualen. Neben verschiedenen Mythen über den Ursprung der Beta Israel gab es zwei Theorien, die die Rabbiner verunsicherten. Manche glaubten, daß die Beta Israel die Nachkommen jener Hebräer aus Ägypten seien, die beim Exodus mit Moses nicht durch das Rote Meer hinüber zur Sinaihalbinsel gewandert waren, sondern sich nach Süden gewandt hatten und so nach Kusch, nach Äthiopien, gelangt waren. Und es wurde spekuliert, daß die Beta Israel die Nachkommen von Konvertiten seien. Letztere Möglichkeit veranlaßte beide Rabbiner, die Beta Israel einer, wenn auch modifizierten, Konversion zu unterziehen: Man tauchte sie in der Mikwe – dem rituellen Taufbad – unter, und sie mußten sich in einer Zeremonie noch einmal einer Art symbolischer Beschneidung unterziehen, bei der ein Tropfen Blut vergossen wurde. Die Gruppe der zwölf Kinder akzeptierte diese Bedingungen; viele andere Beta Israel, die im Laufe der Jahrzehnte nach Israel kamen, unterzogen sich ebenfalls dieser Auflage, die in den siebziger Jahren von Rabbi Ovadia Josef noch einmal bestätigt worden war. Zusätzlich mußten die Beta Israel erklären, daß sie das rabbinische Gesetz akzeptierten. Ursprünglich sollte diese »Konversion« für alle Beta Israel gelten, später war sie nur noch für diejenigen zwingend, die heiraten wollten. Ende 1984 verzichtete man wieder auf die symbolische Beschneidung. 1985 schließlich begann von seiten der Beta Israel ein erbitterter Protest gegen die Konversion und diese, wie es den Äthiopiern schien, unwürdige Behandlung. Die Neuankömmlinge der »Operation Moses« 1985 hatten sich von älteren Immigranten beraten lassen. Es kam über viele Monate hinweg zu heftigen Protesten gegen das Oberrabbinat. Dieses reagierte prompt und verweigerte den Protestlern die Möglichkeit der Heirat. Daraufhin unterzogen sich viele wieder der traditionellen äthiopischen Trauungszeremonie unter der Obhut ihrer Kessim. Damit hatten die Paare zwar keinen legalen Status, konnten aber zu einem Notar gehen und diese Trauung wie eine ausländische standesamtliche Eheschließung registrieren lassen. Die Situation entspannte sich erst, als Rabbi David Chelouche von Netanja sich als offizieller Registrator der äthiopischen Hochzeiten anbot. Dennoch blieb viel Unmut und Verärgerung in der äthiopischen Gemeinde. Die Beta Israel sahen sich ihrer Würde beraubt und waren wütend darüber, daß sie als einzige jüdische Gruppe seitens des Rabbinats solchen Schikanen ausgesetzt waren. Bis heute gibt es äthiopische Aktivisten, die sich weigern, in einem Swimmingpool zu baden, weil dadurch das rituelle Untertauchen angedeutet werden könnte.

Bei den Immigranten aus der Sowjetunion waren die Probleme anders gelagert: Viele Juden waren mit nichtjüdischen Partnern verheiratet, so daß der Status ihrer Kinder häufig nicht der religiösen Definition entsprach. Zudem unterschied sich die sowjetische Definition eines Juden grundlegend von der jüdischen: Die sogenannte fünfte Rubrik im sowjetischen Paß, die die Nationalität des »Genossen« erläuterte, bezog sich stets auf die Nationalität des Vaters. Wenn also in einem sowjetischen Paß unter der entsprechenden Rubrik der Begriff »Jewrej«, Jude, stand, so konnte man sicher sein, daß der Vater des Bezeichneten Jude war – aber die Mutter?

Auch hier mußte sich das Rabbinat etwas einfallen lassen, und wiederum kam es zu symbolischen Übertrittsakten. Anders als in Äthiopien war es den sowjetischen Juden unmöglich gewesen, ihre männlichen Nachkommen beschneiden zu lassen. So sahen sich israelische Chirurgen in Zusammenarbeit mit orthodoxen Rabbinern vor der Aufgabe, sowjetische Männer, gleich welchen Alters, beschneiden zu müssen, damit sie endlich als legitime Juden im – säkularen, demokratischen – Israel leben könnten.

Doch damit nicht genug: Mit der Zuwanderung zahlreicher nichtjüdischer Ehepartner und deren Kinder wurde ein weiteres Problem akut. Nach dem Rückkehrgesetz als israelische Staatsbürger ohne weiteres akzeptiert, kam es zu einem ersten großen Skandal, als ein junger Mann, der aus der Sowjetunion eingewandert war, als israelischer Soldat an der libanesischen Front gefallen war. Das Rabbinat wollte ihm die Beerdigung auf einem jüdischen Friedhof verweigern, weil lediglich sein Vater Jude war. Teile des israelischen Establishments empörten sich darüber, da der junge Mann offensichtlich »jüdisch« genug war, um für Israel zu sterben.

Inzwischen wurde eine eher laue Lösung gefunden. Man hat spezielle Friedhöfe für Fälle wie diesen eingerichtet. Doch auch damit noch nicht genug. Schließlich gibt es nun immer mehr Nichtjuden, die in Israel leben und dort auch heiraten wollen. Das aber können sie nicht mangels ziviler Standesämter. Im besten Fall müssen sie nach Zypern reisen, dort standesamtlich getraut werden und anschließend nach Israel zurückkehren, wo dann ihre Eheschließung anstandslos registriert und akzeptiert wird. Für Nichtjuden ergeben sich daraus für die Zukunft keine weiteren Schwierigkeiten, für Juden allerdings schon. Denn immer häufiger müssen säkulare Juden ebenfalls nach Zypern reisen, wenn sie sich dem Diktat der Rabbiner nicht länger unterwerfen wollen.

Doch auch damit noch nicht genug. Der Argwohn der Orthodoxie gegenüber allem »Nichtjüdischen« geht mittlerweile so weit, daß Juden, die sich ganz normal rabbinisch trauen lassen wollen, einen höchst komplizierten Nachweis erbringen müssen, daß ihre Vorfahren halachisch »koschere« Juden waren. Eine Art »umgekehrter Ariernachweis« wird diese Prozedur von vielen Israelis zynisch genannt. Daß diese Überprüfung nicht nur einen rein religiösen, sondern, wie alles in Israel, auch einen politischen Aspekt hat, zeigte sich im Sommer 1996.

Justizminister Ya'akov Ne'eman, selber ein gesetzestreuer Jude, sorgte mit seinem Versuch, das Konversionsgesetz ein für allemal auf stabile, pluralistische Beine zu stellen, für Unruhe, denn dies könnte auf lange Sicht das Verhältnis zwischen Israel und der Diaspora, und da vor allem mit den amerikanischen Juden, belasten. Die Diskussion um das Konversionsgesetz hat Israel immer wieder in Turbulenzen gestürzt, geht es doch dabei um Entscheidungen, die die Machtbefugnisse der Orthodoxie einschränken könnten. Schon einmal, 1988, war es deswegen zu Konflikten gekommen, als eine neugewählte nationalreligiöse Regierung die Frage »Wer ist Jude?« zugunsten der Frommen entscheiden wollte. Erst die heftige Intervention prominenter amerikanischer Juden, die sofort nach Jerusalem gereist waren, hatte das geplante Gesetz verhindern können. Die Vertreter großer jüdischer Institutionen in den USA hatten unmißverständlich klargemacht, daß im Falle einer orthodoxen Auslegung dieser Frage die moralische und finanzielle Unterstützung Israels durch die amerikanischen Juden ausbleiben würde. Weit mehr als die Hälfte der rund sechs Millionen US-Juden gehört zum konservativen oder zum reformierten Flügel des Judentums – zwei religiösen Richtungen, die die Halacha anders auslegen als die Orthodoxie. In Israel hingegen machen das konservative Judentum sowie das Reformjudentum nur eine Minderheit aus, die auch keinerlei Entscheidungsbefugnisse in staatlichen oder religiösen Angelegenheiten hat.

Justizminister Ne'eman wollte die Frage der Konversion im Sommer 1997 grundsätzlich regeln. Dabei wäre es zunächst nur um die Frage gegangen, wie man Reform- oder konservative Übertritte im Innenministerium registriert. Im israelischen Personalausweis steht unter der Rubrik »Nationalität« entweder »Jude« oder »Araber«. In Zukunft sollte nur noch der hebräische Buchstabe »Jod« eingetragen werden, was dann sowohl als »Jehudi« – Jude – oder als »Jisraeli« – Israeli – gelesen werden könnte. Hiermit wäre die Monopolstellung des orthodoxen Oberrabbinats nicht angetastet, auf der säkularen Ebene wären jedoch die Konversionen der anderen religiösen Denominationen akzeptiert.

Ne'eman hatte jedoch mehr im Sinn: Er wollte alle Übertritte unter das halachische Gesetz vereinigen, einerseits um die Einheit des jüdischen Volkes zu bewahren, andererseits um den Pluralismus, den es in der Diaspora längst gibt, auch in Israel endgültig zu etablieren. Zu diesem Zweck formierte der Justizminister ein Komitee aus sieben Rabbinern, fünf Orthodoxen, einem Konservativen und einem Reformrabbiner. In mehr als vierzig Sitzungen versuchte man eine Lösung zu finden, die für alle drei Gruppierungen zufriedenstellend sein könnte.

Die Gründe, warum die Orthodoxie die beiden anderen Denominationen nicht anerkennen wollte, haben ihre Ursachen in der Definition der Halacha: Ähnlich wie die Orthodoxen bekennen sich auch die konservativen Juden zur Halacha, allerdings mit dem Unterschied, daß bei ihnen Männer und Frauen gleichberechtigt sind, Frauen also durchaus als Rabbinerinnen amtieren können – eine Blasphemie in den Augen der Dossim.

Die Reformjuden nehmen es mit der Halacha nicht so streng. Sie akzeptieren weite Teile des Religionsgesetzes nicht mehr, da sie diese als überholt oder veraltet ansehen. Häufig bezeichnen Reformjuden Kinder von einem jüdischen Vater als »volljüdisch« – was wiederum der Halacha widerspricht. So mancher Reformrabbiner hat schon jüdische Trauungen vollzogen, bei denen ein Ehepartner überhaupt nicht jüdisch war, und einige »extremistische« Reformrabbiner gehen sogar so weit, gleichgeschlechtliche jüdische Liebespaare unter der Chuppa, dem rituellen Traubaldachin, zu trauen.

Das Komitee, das erste seiner Art, kam zu einem erstaunlichen Ergebnis. Es sollte eine gemeinsame Konversionsschule eingerichtet werden, wo die Konvertiten aller drei Denominationen unterrichtet werden könnten. Das Konversionsgericht, das am Schluß der mehrjährigen Übertrittsprozedur zusammenkommt, um den Konvertiten zu prüfen, würde sich nur aus orthodoxen Rabbinern zusammensetzen. Eheschließungen, so sah es der Kompromiß des Komitees vor, die von konservativen oder reformierten Rabbinern vorgenommen werden, dürften der Halacha nicht widersprechen. Nur dann würden sie vom Staat anerkannt werden. Außerdem müßten stets zwei Repräsentanten des orthodoxen Oberrabbinats als »koschere« Zeugen anwesend sein.

Dieser Kompromiß hat durchaus sensationelle Züge. Denn Reformer und Konservative erkennen damit die Oberhoheit der Orthodoxie an – ein nicht ganz einfacher Schritt, der in den USA so gar nicht existiert. Die Orthodoxie hätte de facto mit diesem Kompromiß die »Existenz« anderer jüdischer Glaubensrichtungen anerkannt – Ne'eman und sein Komitee haben damit einen gedanklichen Spagat geschlagen, der zu schön war, um Wirklichkeit zu werden.

Die Reaktion kam prompt. In großer Einmütigkeit lehnten Mafdal, die nationalreligiöse Partei der fundamentalistischen Siedler, die Haredim und Schas diesen Kompromiß ab. Sie lehnten jede Form der Verständigung mit den Vetretern dieser »selbstgezimmerten Religion« ab – gemeint sind in erster Linie die Reformjuden. Der Religionskrieg, der sich da innerjüdisch abspielt, ist nicht neu. Der Anspruch der Orthodoxie, sie allein vertrete das »wahre« Judentum, ist aus der Geschichte hinlänglich bekannt. Immer schon gab es in der jüdischen Geschichte Auseinandersetzungen zwischen verschiedenen religiösen Gruppen, wie etwa den Pharisäern, den Saduzäern, den Essenern, den Karäern und vielen anderen. Der heutige Konflikt hat also durchaus Tradition. Dabei geht es allerdings noch um mehr: um Geld. Denn mit einer Anerkennung der konservativen Gemeinde und des Reformjudentums müßte der Staat diese auch finanziell unterstützen – mit Geldern, die bislang ausschließlich den orthodoxen Gruppen zur Verfügung stehen. Und mit einer Anerkennung müßten auch konservative oder reformierte Vertreter in die lokalen religiösen Vertretungen entsandt werden. Dies würde über kurz oder lang das Ende des orthodoxen Monopols bedeuten.

Wie bedrohlich eine solche Entwicklung für die Haredim sein könnte, zeigt sich an deren zunehmender Gewalttätigkeit: Im Oktober 1997 wurde die Harel-Reformsynagoge in Jerusalem mit Hakenkreuzen und obszönen Graffiti besprüht; ein Monat zuvor wurde in Jerusalem die Krankenschwesternschule der Reformbewegung in Brand gesetzt. Und bereits ein Jahr zuvor waren Reformjuden an Pessach auf dem Weg zum Kotel tätlich angegriffen worden.

Für die innenpolitische Zukunft Israels, aber auch für den Friedensprozeß mit den Palästinensern, hätte die offizielle Bestätigung des konservativen und reformierten Judentums weitreichende Folgen. Beide Glaubensrichtungen haben sich von »antiquierten« Vorstellungen des Judentums verabschiedet und sich bemüht, den Glauben mit den Voraussetzungen der Moderne in Einklang zu bringen. Dazu gehören vor allem die Gleichberechtigung von Mann und Frau sowie die selbstverständliche Anerkennung einer demokratischen Gesellschaft, die zunächst einmal säkular verwaltet wird.

Rabbi Uri Regev – die führende Persönlichkeit des Reformjudentums, des »Progressive Judaism« – erklärt die Folgen der reformistischen Weltsicht für den Friedensprozeß in wenigen Worten: »Zwischen der Religion und der sozialen Gerechtigkeit öffnet sich ein Graben, und den wollen wir liberalen Juden überwinden. Für mich ist das Motto des Zionismus der Satz Jesaias: ›Zion soll erlöst werden durch Gerechtigkeit und diejenigen, die dahin zurückkehren, durch Gerechtigkeit.‹ Für mich ist die metareligiöse Regel ›Gerechtigkeit, Gerechtigkeit sollst du nacheifern‹ grundlegend. Für mich ist die Haltung gegenüber der nichtjüdischen Minderheit in diesem Land ein Teil meines religiösen Horizontes. Für mich gilt nicht nur: ›Liebe deinen Nächsten wie dich selbst – ich bin der Herr‹, sondern auch der Satz, den wir im selben Kapitel der Thora weiter unten finden: ›Der Fremde, der unter euch lebt, sei euch wie ein Bürger, ihr sollt den Fremden wie euch selber lieben, denn ihr wart selber Fremde in Ägypten – ich bin der Herr, euer Gott.‹«

Womit für Regev natürlich auch die Frage über die Zukunft der besetzten Gebiete klar geregelt ist. Uri Regev, ein Rabbiner ohne Kippa, war der Vertreter der Reformbewegung im Komitee Ne'emans. Er ist frustriert angesichts der Möglichkeiten, die diesem Gremium tatsächlich gegeben sind: »Mit den da zusammensitzenden orthodoxen Rabbinern kann ich mich einigen, ebenso mit Ne'eman. Aber was hilft das, wenn das Oberrabbinat und die religiösen Parteien alles blockieren und sie, und nur sie, die politische Macht in Händen halten?«

Im Zentrum der World Union of Progressive Judaism in Jerusalem, einem wunderschönen Bau mit schattigen Gärten und kühlen Patios gleich neben dem King David Hotel, erläutert der gebürtige Israeli in seinem kleinen, unscheinbaren Büro die Lage aus seiner Sicht: »Auch hier in Israel wächst die Reformgemeinde. Wir werden immer mehr und haben dadurch langfristig immer größeren Einfluß!«

Regevs Wunsch mag bei dieser Einschätzung Pate gestanden haben, denn sie entspricht den realen Entwicklungen überhaupt nicht. Die Zersplitterung der Gesellschaft in säkular und orthodox wird immer krasser, der Graben immer größer. Die fundamentalistische Version des Judentums treibt diejenigen, die ein spirituelles Bedürfnis haben, eher in Richtung Säkularismus als in die Arme der Konservativen oder Reformer. Wie weit die Reformjuden ausgegrenzt sind, zeigt auch eine Äußerung des derzeitigen sefardischen Oberrabbiners Bakshi-Doron. Er ist als Mann des Ausgleichs bekannt, der sogar Kontakt mit den Geistlichen der islamischen Hamas-Bewegung aufgenommen hat, da »nur die Religiösen Frieden schaffen können«. Bakshi-Doron stellt den Konservativen einen Dialog in Aussicht, verweigert aber kategorisch den Kontakt zu den Reformgemeinden. Daß bei solch einer Entscheidung natürlich auch der politische Versuch im Hintergrund steht, einen Keil zwischen die beiden Gegenbewegungen zur Orthodoxie zu treiben, liegt nahe.

Einmal mehr sind es aber in erster Linie die säkularen Gefolgsleute um den seinerseits säkular eingestellten Ministerpräsidenten Netanyahu, die für die offensichtliche Ausweglosigkeit bezüglich der Durchsetzung eines religiösen Pluralismus verantwortlich gemacht werden müssen.

Wie schon so häufig in seiner Amtszeit traf Netanyahu auf die Schnelle eine Entscheidung – um sogleich wieder einen Rückzieher zu machen. Die Aussicht, daß er das orthodoxe Konversionsgesetz annehmen könnte, versetzte wieder einmal die amerikanischen Juden in Alarmstimmung. Anders als 1988, jedoch mit bereits weitreichenden Folgen. Führer der Reformbewegung sowie der konservativen Bewegung und das United Jewish Appeal (UJA), eine der größten amerikanisch-jüdischen Organisationen zur Unterstützung Israels, haben sich bereits auf eine gemeinsame Strategie verständigt: Man will entweder die jüdischen Führer der USA nach Israel oder umgekehrt die gesamte Knesset nach Amerika einfliegen lassen, um den israelischen Verantwortlichen unmißverständlich klarzumachen, was man von einem orthodoxen Konversionsgesetz hält. Man will beide säkulare Parteien unter Druck setzen, eine Koalition der Nationalen Einheit zu bilden, um somit die religiösen Parteien ausgrenzen zu können. Und: Man will notfalls die finanziellen Zuwendungen der amerikanischen Judenheit für Israel drosseln beziehungsweise völlig zum Erliegen bringen. Bereits im August 1997, als die Diskussion um das Konversionsgesetz einen ersten dramatischen Höhepunkt erreichte, vermeldete die UJA eine Mindereinnahme von rund 20 Millionen Dollar gegenüber dem Vorjahr.

Netanyahu war also aus Gründen des Machterhalts bereit, eine Spaltung des Judentums in der Welt hinzunehmen. Daß es soweit kommen könne, wurde ihm aus den USA mehr als deutlich gemacht. Netanyahu reagierte in gewohnter Manier: Er verschob eine Entscheidung über das neue Gesetz um mehrere Monate. Sein Regierungssprecher, der frühere Pianist und Chefredakteur der *Jerusalem Post*, David Bar-Ilan, stuft die Entwicklung jedoch nicht als dramatisch ein. Als »His Masters Voice« bekannt, bellt er den Journalisten stakkatoartig die Thesen seiner Regierung vor. Es gäbe keine Kluft zwischen Haredim und Säkularen, keine Gefahr des Auseinanderbrechens. Im Gegenteil, alle Anzeichen deuteten darauf hin, daß die Ultraorthodoxen sich längst am zionistischen Projekt beteiligten und dieses auch in der gegenwärtigen Form akzeptierten. Vor nur einer Generation hätten die Haredim nur jiddisch gesprochen – aus religiösen Gründen, aber auch als Protest gegen den Zionismus. Inzwischen redeten die Haredim alle hebräisch; dies sei ein Beweis für die »Zionisierung« dieses Bevölkerungsteils, um so mehr, als die Haredim sogar den Jargon säkularer Zionisten übernehmen würden. Gemäß Bar-Ilan gibt es keine Spaltung in der israelischen Bevölkerung, kein Auseinanderdriften von Diaspora und Judenstaat, vor allem aber keine Fundamentalisierung Israels. So einfach ist das!

# Die Säkularen

Mehr als 200 000 Menschen waren im November 1997 anläßlich des zweiten Todestages von Jitzchak Rabin am Kikar Rabin, am Rabin-Platz, zusammengekommen, um seiner zu gedenken und gleichzeitig eine eindrucksvolle Demonstration für den Frieden und gegen die Politik Netanyahus und der Orthodoxen zu liefern.

Es war die größte Demonstration in der Geschichte Israels, und wenn man zu diesem Superlativ die vielen energischen Reden für den Friedensprozeß, für ein demokratisches Israel, für eine positive Zukunft addierte, so hätte es fast scheinen können, als wäre die säkulare Friedensbewegung auf dem Vormarsch, als hätte sie die Macht im Lande bereits übernommen. Doch der Schein trog. Die Demonstration wirkte eher wie das Pfeifen des einsamen Ängstlichen im dunklen Wald, denn die Stimmung unter den Linken, den Säkularen, den Friedensaktivisten ist bestimmt von Verzweiflung und Hoffnungslosigkeit.

Kfar Shmaryahu, ein eleganter Villenvorort von Tel Aviv: Hier, fern des Großstadtlärms, lebt eine Ikone der israelischen Linken und der Friedensbewegung – Shulamit Aloni, das ehemalige Haupt der linksliberalen Meretz-Partei. Unter Jitzchak Rabin bekleidete Aloni zuletzt das Amt der Erziehungsministerin und zog sich dabei den Haß des damals noch oppositionellen rechten und religiösen Lagers zu. Denn Shulamit Aloni ist eine vehemente Vertreterin eines aufgeklärten Israel. Sie verachtet jede Form von Nationalismus, Chauvinismus und Rassismus. Und sie haßt die Religion – zumindest in der Form, wie sie von den tonangebenden Orthodoxen interpretiert und ausgeübt wird.

Nach den Wahlen 1996 hatte sich Shula, wie sie von Freund und Feind gerne genannt wird, aus der aktiven Politik zurückgezogen, nicht nur wegen des in ihren Augen verheerenden Wahlsieges Bibi Netanyahus, sondern auch aufgrund innerparteilicher Intrigen, im Rahmen derer Leute wie Jossi Sarid ihr politisches Ende herbeiführten, weil sie ihre radikal-liberale Position nicht weiter mittragen wollten. Man hatte Angst um die eigene Wählerschaft und die eigene Glaubwürdigkeit. Und so mußte auch ein Mann wie Jossi Sarid von der Einheit und Unteilbarkeit Jerusalems sprechen, der jüdischen Hauptstadt. Shulamit Aloni weigert sich beharrlich, mit solchen Lügen umzugehen.

Jerusalem ist für sie auch eine arabische Stadt. Immerhin leben über 150 000 Palästinenser in Al-Kuds, wie Jerusalem auf Arabisch heißt. Doch solche Wahrheiten will im derzeitigen politischen Klima Israels niemand hören.

Shulamit Aloni ist heute Mitte Sechzig – eine politische Aktivistin seit den Anfängen des jüdischen Staates. Es gibt keinen herausragenden israelischen Politiker, den sie nicht kannte: David Ben Gurion, Golda Meir, Menachem Begin.

Sie sitzt in ihrem gepflegten Garten; durch die offene Tür zum Wohnzimmer kann man endlose Regale voller Bücher, aber auch wertvolle Plastiken und Kunstgegenstände aus Asien und Afrika bewundern. Aloni ist gänzlich uneitel. Sie empfängt ihren journalistischen Besucher in

einfachen Shorts und einem T-Shirt. Sie ist nicht ge-
schminkt, ihre blonden Locken drapieren sich wild und
ungekämmt um ihren runden Kopf. Sie wirkt deprimiert,
fast versteinert. Ein wenig erinnert ihr Gesichtsausdruck
an das harte Gesicht Lea Rabins, wenn man sie hinsichtlich der Rolle Netanyahus vor der Ermordung ihres Man-
nes befragt.

Shulamit Aloni ist nicht deprimiert. Sie hat resigniert, was
bei ihr, einer Frau voller Energie und Tatendrang, noch
weitaus schlimmer ist. Sie seufzt:»Wenn man wie ich 40
Jahre dafür gekämpft hat, daß dieses Land offen und
friedvoll, human und demokratisch werden soll, dann ist
es schrecklich mitanzuschauen, was diese Regierung in
wenigen Monaten zunichte macht. Es ist unerträglich mit-
anzusehen, wie die Religiösen diesen Staat allmählich von
innen zerstören.«

Womit sie gleich zum Kern des Problems vorstößt. Nein,
die Frage, ob die Demokratie allmählich einem Fundamentalismus weicht, sei völlig falsch.

»Die eigentliche Frage ist doch: War Israel jemals eine
echte Demokratie?«

Vor mehr als zwei Jahrzehnten hatte Shulamit Aloni eine
Organisation gegründet, die darum kämpfte, die Menschenrechte und eine Verfassung für den jüdischen Staat
schriftlich ein für allemal als konstituierende Ausgangs-
position für alle weiteren Entwicklungen zu fixieren. Sie
hatte damals Mitstreiter über alle Parteigrenzen hinweg:
David Bar-Ilan, der heutige Scharfmacher und Pressesprecher Netanyahus, focht an ihrer Seite ebenso mit wie
Dan Meridor, der »Kronprinz« des Likud, der unter Netanyahu zunächst als Finanzminister antrat, dann aber
bald das Handtuch warf, weil er mit der durch Korruption

in Mißkredit geratenen Politik des Ministerpräsidenten nichts zu tun haben wollte.

Shulamit Aloni wird von vielen Teilen der israelischen Gesellschaft gehaßt, weil sie unbequeme Wahrheiten ebenso direkt ausspricht, wie dies der mittlerweile verstorbene Religionsphilosoph Yeshayahu Leibowitz getan hatte. Der hatte bereits unmittelbar nach dem Sechs-Tage-Krieg vor den Folgen einer dauerhaften Besatzungspolitik gewarnt; er hatte in den vergangenen Jahren immer wieder die Entwicklung Israels als faschistisch gebrandmarkt und die Orthodoxie mit ihrer geradezu heidnisch-kultischen Verehrung der Westmauer des einstigen Tempels, der »Klagemauer«, als götzendienerisch entlarvt. »Diskotel«, so nannte Leibowitz diese Anbetung eines Stückchens Mauer, ein hebräisches Wortspiel, das sich aus dem Begriff »Diskothek« und »Kotel« – Mauer – zusammensetzt.

Nicht minder zimperlich ist Shulamit Aloni in der Wahl ihrer Worte und Argumente: »Wir sind eine der letzten Kolonialmächte auf diesem Planeten. Daran gibt es nichts zu rütteln und nichts zu beschönigen!«

Die Positionen Alonis sind bekannt. Die Linke vertritt sie tagein, tagaus, mehr oder weniger heftig. Seit dem Friedensschluß von Oslo ist es Common sense geworden im Friedenslager, daß man sich aus den besetzten Gebieten zurückziehen müsse. Dabei sind auch unter den Friedenswilligen noch viele Fragen offen, vor allem die Sorge um die strategische Sicherheit des Kernlandes; doch im Grunde gibt es darüber nichts mehr zu diskutieren.

Was sich an der Oberfläche als Auseinandersetzung um den Frieden mit den Arabern darstellt, ist weit eher ein Kulturkampf, in dem sich Säkulare und Fromme, Rechte

und Linke erbittert um die Zukunft des Landes, um das
»Jüdische« in diesem Gemeinwesen streiten. Wie soll der
»jüdische« Charakter des Landes bewahrt werden? Was
heißt überhaupt »jüdisch«?

Niemals zuvor war der Paradigmensprung in der Geschichte des jüdischen Volkes deutlicher als in den Auseinandersetzungen von heute. In der Diaspora waren die
Definitionen noch klar umrissen: Man war »Jude« und
das Judesein wurde bestimmt durch den Glauben, durch
die Einhaltung der göttlichen Gebote. Dieses Eigenbild
funktionierte immerhin rund 1800 Jahre, bis zur Französischen Revolution, die nicht nur den »Bürger«, den »Ci-
toyen«, schuf, sondern obendrein auch noch den jüdischen Bürger, dessen Zugehörigkeit zur Gesellschaft nun
auch nationalstaatlich definiert wurde. Die sich daraus er-
gebenden doppelten Identitäten, bis hin zu einer allmäh-
lichen Reformierung des Glaubens und der Riten, sind
bekannt. Dennoch war bis zur Gründung Israels der Terminus »Jude« mehr oder weniger eindeutig.

Der Zionismus suchte einen neuen Weg. Er war, zusammen mit der Haskala, der jüdischen Aufklärung, und der
sozialistischen Idee des jüdischen »Bundes«, die dritte
Gegenbewegung zum Glauben – ein neuer Weg als Versuch, sich von den alten, überkommenen Traditionen und
Gesetzen zu lösen und dennoch etwas von der eigenen
»jüdischen« Identität in die neue Zeit, in die Moderne
hinüberzuretten. Die neue Identität des »Israeli« bildete
sich heraus, doch konnte in den Anfängen niemand ahnen, daß sich daraus eines Tages ein Antagonismus zu
dem Begriff »Jude« entwickeln würde. Die Entscheidung,
Hebräisch und nicht Jiddisch zur Nationalsprache zu
machen, hatte natürlich identitätsstiftenden Charakter.

Jiddisch gemahnte die frühen Zionisten an das Ghetto, an Unterdrückung und Verfolgung. Man wollte eine hebräisierte Kultur schaffen, etwas ganz Neues, das aber doch auf den jahrtausendealten Füßen der Tradition stand. Der Historiker Yirmiyahu Yovel spricht demzufolge trotz der zunehmenden Fundamentalisierung Israels von einem großen Erfolg der zionistischen Bewegung:»Schauen Sie nur einmal nach Tel Aviv, was dort alles an hebräischer Kultur existiert: Literatur, Theater, Philosophie, Film und Fernsehen. Das ist ein Sieg der zionistischen Idee. Denn diese Kultur ist äußerst lebendig.«

Aber ist sie auch noch jüdisch? Schließlich ist die Kultur Tel Avivs eine säkulare Kultur. Yehuda Amichai, der größte lebende Lyriker Israels, der 1935 mit seinen Eltern aus seiner Heimatstadt Würzburg nach Palästina emigrierte, entstammt einer orthodoxen Familie. Längst hat er die Bande der Religion abgestreift; doch seine wundervolle Poesie ist angereichert mit Bildern und Metaphern aus der Bibel, und im hebräischen Original wird die Verschränkung moderner Wortinhalte mit den biblischen erst wirklich nachvollziehbar. Die Neuschaffung der hebräischen Sprache ist an sich schon ein großes kulturelles Ereignis gewesen, doch die wirklich denkwürdige Leistung bestand darin, daß Elieser Ben-Jehuda, der 1858 in Litauen geborene große Hebraist, sich immerzu bemühte, alten biblischen Worten auch noch eine moderne Bedeutung einzuhauchen.

Diese Verquickung von Altem mit Neuem, von biblischer Metaphorik mit modernem Sprachgebrauch macht heute die sogenannte hebräische Kultur aus. In der christlichen Welt ist diese Entwicklung dermaßen normal, daß man sie gar nicht weiter wahrnimmt; in Israel und für das jüdische

Volk ist das ein Novum nach den nahezu zwei Jahrtausenden Diaspora.

Was jedoch bei Amichai nur ein Momentum in der Entwicklung seiner lyrischen Sprache ist, hat im Alltag Israels natürlich weitreichendere Folgen. Die »Säkularisierung« der israelischen Gesellschaft ist nicht nur durch den sozialistisch angehauchten Beginn des Zionismus vorbereitet worden, nicht nur durch die Alternative, die der Zionismus gegenüber der »Religion« darstellte, sondern auch durch die Öffnung gegenüber der Welt, die die Juden im Europa des 19. Jahrhunderts bereits vollzogen – eine Einstellung, die sie natürlich in die neue Heimat mitnahmen. Längst waren die Denkmodelle und die Kulturen der ehemaligen »Gastvölker« eine echte Alternative geworden zur klassischen religiösen Ausbildung, und viele Orthodoxe hatten längst vergessen, oder wußten überhaupt nicht, daß die Adaptierung nichtjüdischen Gedankenguts immer schon ein Beweis für die Lebendigkeit jüdischer Gelehrsamkeit war. Im mittelalterlichen Spanien hatte einer der größten jüdischen Denker, Moses Maimonides, aristotelisches Denken mit jüdischer Weltanschauung verknüpft. In diesem Sinne ist die Entwicklung in Israel nur konsequent und das vorläufig letzte Glied einer unendlich langen Kette. Und doch hat durch den Zionismus ein Paradigmenwechsel in der jüdischen Identität stattgefunden, dessen Folgen zwar jetzt schon abzusehen sind, dessen Auswirkungen für die Zukunft sich aber noch nicht erahnen lassen.

Shulamit Aloni beschreibt diese Veränderung anschaulich: »Wir leben in einem jüdischen Staat. Der Jahresrhythmus, die Feiertage, die Sprache. Es ist alles sehr jüdisch hier, aber ohne Rituale. Nehmen Sie eine jüdische

Gemeinde in Deutschland oder in den USA – Sie müssen Zeichen setzen, damit Sie als dieser Gruppe zugehörig erkannt werden, weil Sie eine Minorität sind. Also bauen Sie beispielsweise Gemeindehäuser und Synagogen. Ich brauche diese Zeichen nicht, weil wir hier die Mehrheit bilden. Und es gibt die Sprache und die Bibel: Jedes Kind, das hier im Alter von sechs, sieben Jahren lesen lernt, kann dieses Buch im Original lesen. Und das Kind weiß das!«

Ohne Rituale – ist es das, was den Unterschied zwischen einem Juden und einem Israeli (einem jüdischen, wohlgemerkt) ausmacht?

Längst hat sich der Zionismus eigene, unreligiöse Rituale geschaffen, die für den aufgeklärten Zionisten von ebensolcher Bedeutung sind, wie die Rituale in anderen Ländern. Läßt sich Frankreich ohne den 14. Juli, den Jahrestag der Erstürmung der Bastille, denken? Die anfänglich beschriebene Demonstration zum Todestag Jitzchak Rabins ist ein solches säkulares Ritual geworden, das aber zugleich ein lebendiger Beweis ist für die tiefe Kluft, die in der Gesellschaft Israels herrscht.

Der alljährliche Trauertag zu Ehren der gefallenen israelischen Soldaten aller Kriege wird von den Ultraorthodoxen regelrecht mißachtet. Sie weigern sich, die im ganzen Land eingehaltene Trauerminute zu respektieren und stillzustehen. Es sind Leute vom Schlage Israel Eichlers, die die Armee auf keinen Fall anerkennen wollen, nicht einmal an einem Gedenktag für die Toten. Und auch Jom Hashoah, der Gedenktag zu Ehren der 6 Millionen ermordeten Juden im Zweiten Weltkrieg, wird von vielen aschkenasischen Orthodoxen nicht weiter beachtet, handelt es sich doch um einen »profanen« Gedenktag. Manche sefardische Fromme lehnen wiederum diesen Trauertag ab, da er ihres Erachtens nur beweist, daß die Aschkenasim ihre Hegemonie in Israel behaupten wollen; schließlich gäbe es, wie sie entgegenhalten, keinen Gedenktag für die (sefardischen) Opfer der spanischen Inquisition. Andererseits wird Tischa be'Aw, der Fasten- und Trauertag zum Gedenken der Zerstörung des Heiligen Tempels, von allen Frommen strengstens gehütet, während die nichtreligiösen Israelis diesem Tag keinerlei Beachtung schenken.

Man sieht, wie sehr die Schaffung eines Staatsgebildes, zumal eines säkularen, eine Art Schisma in der jüdischen Welt etabliert hat, fast möchte man sagen: einen Glaubenskrieg verursacht hat.

In der heutigen Debatte steht der Begriff »Israeli« für Fortschritt, Weltoffenheit, Liberalismus, Pluralismus, der Begriff »Jude« dagegen für Ghetto, Engstirnigkeit, Fundamentalismus. Daß in dieser Auseinandersetzung ein uralter Begriff eine völlig neue Definition erhält, die im übrigen für die Diaspora in gleicher Weise nicht zu gebrauchen ist, zeigt, wie sehr sich alle Parteien von einer traditionellen Definition des »Jüdischen« bereits entfernt haben.

Doch damit allein ist es nicht getan. »Jude« zu sein ist ja immer noch eine wesentliche Voraussetzung für die Identität der überwiegenden Mehrheit der israelischen Bevölkerung. Doch wer bestimmt, wer Jude ist – und zwar nicht im Sinne der Halacha, sondern in einem moralischen, ethischen Zusammenhang? Hier offenbart sich die Achillesferse der säkularen Tel Aviver. Denn schließlich sind auch sie Juden, schließlich sind auch sie Teil einer uralten Kultur, einer Tradition, die im kollektiven Unbewußten –

und auch im kollektiven Bewußten – Spuren hinterlassen hat, von denen sich in Israel (noch) niemand befreien kann.

Immer wieder gibt es diese Momente, in denen sich auch der größte Freigeist in Israel seiner jüdischen Wurzeln bewußt wird. Der Golfkrieg von 1991 war solch ein Moment. Die langen Abendstunden in den »versiegelten Räumen«, die ganz Israel zur Tatenlosigkeit verurteilten, die allen vor Augen führten, daß man sich nicht wehren konnte, sondern nichts als »Opfer« war, ließen viele Israelis, die die Holocaust-Opfer bis dahin lediglich als Lämmer betrachtet haben, die sich ohne Widerstand zur Schlachtbank hatten führen lassen, Solidarität mit dem Schicksal der 6 Millionen empfinden, da ihnen bewußt wurde, daß auch sie selbst »Juden« sind. Und da Israel kein restlos säkularisiertes Land ist, da das jüdische Volk im ganzen nicht völlig frei von Religion ist, regt sich bei vielen säkularen Israelis ein Stückchen schlechtes Gewissen, auf das sich von der religiösen Seite her trefflich eindreschen läßt. Denn natürlich will jeder ein guter Jude sein. Doch wer sind die guten Juden? Natürlich die Frommen, natürlich die Nationalreligiösen, die dies besser als alle anderen von sich behaupten können. Und so gelingt es diesen Juden, den Israelis klarzumachen, daß sie eigentlich die schlechteren Juden seien und sich somit den Zielen und Wünschen jener wahren Juden zu beugen hätten.

Professor Moshe Zimmermann kämpft mit unterschiedlichem Erfolg gegen diese Auslegung des Judentums. Er ist Leiter des Instituts für deutsche Geschichte an der Hebräischen Universität von Jerusalem. Der weißhaarige Fünfzigjährige, der in den israelischen Medien nicht nur mit seinen wissenschaftlichen und politischen Artikeln präsent ist, sondern auch als regelmäßiger – und leidenschaftlicher – Kommentator der deutschen Fußball-Bundesliga, ist für viele Rechte ein Agent provocateur. Sie nehmen es ihm übel, daß er die Bundesrepublik Deutschland differenziert zu betrachten versucht und nicht durch eine von Vorurteilen verschlierte Brille. Sie nehmen es ihm allerdings auch übel, daß er harsche Kritik an seinen Landsleuten übt und diese von einer restlos agnostischen Warte aus auch vertritt.

Wegen einiger heikler Äußerungen vor zwei Jahren trifft man Zimmermann mittlerweile häufiger in Deutschland als in Israel an. Er hatte die Erziehungsmethoden der radikalen Siedler von Hebron und Kiryat Arba mit den Erziehungsmethoden der Nazis verglichen. Für ihn bestand kein großer Unterschied zwischen der rassistischen Weltsicht, die diese Juden ihren Kindern vermittelten, und den nationalsozialistischen Leitlinien, die der Hitler-Jugend eingetrichtert wurden. Für ihn macht es keinen qualitativen Unterschied, ob es nun heißt: »Nur ein toter Araber ist ein guter Araber« oder: »Die Juden sind unser Unglück.«

Der Aufschrei im Lande war groß. Und selbst aus dem aufgeklärten Lager hagelte es Kritik. Dies ging denn doch zu weit, daß man jüdische Erziehung mit der Gehirnwäsche der Nazis verglich. In den Auswirkungen dieser Erziehung gibt es natürlich einen ganz wesentlichen Unterschied, dies steht außer Frage. Doch Zimmermanns Provokation hatte ein anderes Ziel: Er wollte sein Land, seine Gesellschaft vor einer Entwicklung warnen, die langfristig gesehen fatale Folgen haben könnte – nicht für die Palästinenser, sondern für die eigene seelische Befindlichkeit. Und ihm war auch klar, daß in einem Staat, der sich seit seiner Gründung in einem kriegerischen Zustand befindet, andere Toleranzschwellen existieren als in einer durch und durch friedlichen Nachbarschaft. Um zu schockieren, muß man also in Israel manchmal zu ziemlich drastischen Mitteln greifen.

Eine Nachrichtenmeldung zwei Jahre später scheint Zimmermann recht zu geben. Einer Studie der Hebräischen Universität Jerusalem zufolge, die die Tageszeitung *Jediot Achronot* im Dezember 1997 veröffentlichte, bezeichnen sich etwa 30 Prozent der israelischen Gymnasiasten selbst als Rassisten. Dabei gaben 33 Prozent der Schüler an religiösen Gymnasien und 28 Prozent an säkularen Schulen ihre rassistische Einstellung offen zu. Besonders hoch war mit 45 Prozent der Anteil der Rassisten unter den Neueinwanderern.

Die Provokation erwies sich indessen als ein Schuß, der nach hinten losging: Zimmermann wurde auf Initiative der Siedlerbewegung vor Gericht gebracht, und auch der ultrarechte Knesset-Abgeordnete Rehavaam Ze'evi versuchte, mittels einer Anklage den Kritiker zum Verstummen zu bringen. Hierbei wird ersichtlich, daß in Israel ein öffentlicher verbaler Angriff gegen die Rechte, und sei er noch so deplaziert, inzwischen formaljuristisch extreme Folgen haben kann. Selbst im Lehrkörper der Hebräischen Universität Jerusalem, einem durchaus liberalen und aufgeschlossenen Kreis von Intellektuellen, regte sich Unmut über Zimmermanns Äußerungen. Dahinter steht jedoch, was Shulamit Aloni etwa so umschreibt: »Sie haben den Begriff ›Jude‹ dermaßen für sich besetzt, daß man als linker, säkularer Israeli automatisch der Schlechte sein muß, der, der seine Tradition, seine Vorfahren und natürlich die sechs Millionen Holocaust-Opfer, auf die sich jene allzu gerne berufen, verrät.«

Hier offenbart sich ein ähnliches Muster wie in den Auseinandersetzungen rechter und linker Gruppen in anderen Ländern auch: Während die Rechte straff durchorganisiert ist, während in ihren Kreisen Zweifel aufgrund hierarchischer Strukturen kaum aufkommen (»Der Führer hat immer recht«), entspricht es dem Wesen der Linken, sich in unendlichen Diskussionen und Auseinandersetzungen erst einmal selber finden zu wollen und zu müssen. Zimmermann beschreibt die Problematik der israelischen Säkularen: »Als säkularer Mensch wächst man mit Skepsis auf. Skepsis ist der bestimmende Wesenszug des aufgeklärten Menschen. In Israel wendet sich aber die Skepsis nicht gegen die Rechte mit ihrer Ideologie, sondern sie richtet sich gegen die Säkularen selbst, die sich auf einmal fragen, ob sie eigentlich mit ihren Wertvorstellungen nicht doch unrecht haben!«

»Gott ist mit uns« – diese Parole, die jeder Mensch im aufgeklärten Westen sofort belächeln würde, hat in Israel ganz offensichtlich eine verheerende, eine »zersetzende« Wirkung in den Kreisen der säkularen Mehrheit. Chaim Weizmanns Spruch »Es ist leichter, einen Juden aus dem Ghetto, als das Ghetto aus einem Juden zu holen« bewahrheitet sich auf einer politischen Ebene im Zusammenhang mit religiösen Gefühlen und Wertvorstellungen auch noch Ende des 20. Jahrhunderts. Dabei ist der Alleinvertretungsanspruch der Orthodoxie oder der Nationalreligiösen, also dieses Selbstverständnis, sie und nur sie würden das »wahre« Judentum vertreten, historisch überhaupt nicht haltbar.

Avishai Margalit, Professor für Philosophie, der am herausragenden Van-Leer-Institut in Jerusalem arbeitet, ist ein führender Vertreter der »Peace Now«-Bewegung. Auf einem gemütlichen Sofa sitzend, erläutert er die politische Situation »da draußen«, außerhalb der »heiligen« Hallen des Instituts, das wie ein Hort der Aufklärung wirkt inmitten des krisengeschüttelten, aggressiven Jerusalem. Entsprechend unaufgeregt sieht Margalit die Situation: »Was wir heute unter traditionell-religiösem Judentum verstehen, ist erst in den letzten 200 Jahren als Reaktion auf die Moderne entstanden. Diese Bewegung ist genauso ›neu‹ für das Judentum wie alle anderen auch. Juden waren früher überhaupt nicht so wie die Ultraorthodoxen heute. Das ist lächerlich. Diese Juden sind Ghetto-Juden in einer bestimmten Umgebung. Renaissance-Juden in Italien zum Beispiel waren demgegenüber ganz anders; Juden im mittelalterlichen Spanien waren auch ganz anders; Juden im antiken Alexandria ähnelten den säkularen Juden heute. Es gab immer schon alle möglichen Formen des Judentums.«

Doch diese gewisse Lässigkeit, die der rothaarige Professor an den Tag legt und die er auch während des weiteren Gesprächs über die durchaus deprimierende Situation in Israel nicht ablegt, wird von seinen Mitstreitern kaum geteilt. Sie können und wollen es sich nicht leisten, die aktuelle politische Situation aus einer intellektuellen Distanz zu beurteilen. So mag es nicht verwundern, daß Margalit die Entwicklung, die zur Ermordung Rabins geführt hat, bereits historisch einordnet: »Die Ermordung Rabins war nicht der Akt eines einzelnen Verrückten. Das ist ähnlich wie bei der Ermordung Walter Rathenaus. Es war eine ganze Gruppe, die eine bestimmte Atmosphäre schuf, in der der Mord statistisch gesehen ein Muß war. Jitzchak Rabin, Walter Rathenau – wer sie umbrachte, war ja nur eine Frage der Möglichkeiten. Aber die entsprechende Atmosphäre war von den Rechten geschürt worden.«

Angesichts solcher Vergleiche sieht die politische Zukunft Israels wahrlich düster aus. Doch Margalit wehrt sich vehement gegen eine übertriebene Hysterie und versucht die jetzige Regierung als ein Zwischenstadium zu beschreiben:»Wenn wir das Oslo-Abkommen schon nicht voranbringen können – und es sieht so aus, daß wir das mit der jetzigen Regierung nicht können –, müssen wir doch zumindest die Möglichkeit, den Friedensprozeß fortzuführen, erhalten, bis die Arbeiterpartei, die Linke, die Macht wieder übernehmen wird.«

Ob diese Sicht der politischen Verhältnisse der Wirklichkeit entspricht? Tatsächlich könnte man eher die Regierung Rabin/Peres als kurzes Intermezzo in einer inzwischen zwanzigjährigen Likud-Herrschaft ansehen.

Die Hysterie, die Margalit ganz offensichtlich nicht aufkommen lassen will, hat sich in vielen Kreisen der säkularen Linken längst verselbständigt. Eine gewisse Weltuntergangsstimmung ist inzwischen weit verbreitet. Mit wem auch immer man sich en passant unterhält, viele beneiden die Juden, die außerhalb Israels leben. Ein Kameramann des israelischen Fernsehens haßt sein Land inzwischen derart, daß er nur noch davon träumt, zusammen mit seiner Familie nach Amsterdam auszuwandern, wo er während seiner Studentenzeit gelebt hat. Für viele andere ist das neue Gelobte Land natürlich Amerika. Und sie wünschen sich nicht nur »einige Jahre« dort, wie es schon immer üblich war, sondern sie möchten am liebsten für immer dorthin. Die Sehnsucht nach Ruhe, vor allem aber

*151*

nach einem »zivilisierten« Land, das nicht von religiösen Irrsinnigen bestimmt wird, hat eine allgemeine Frustration ausgelöst, die kaum zu übersehen ist.

Ein Besuch bei Amnon Dankner, einem Anchorman des israelischen Fernsehens: Er ist der typische Vertreter der Tel Aviver Großbourgeoisie, jener wohlhabenden Leute, die sich immer schon in ihrem ganzen Lebensstil nach außen, nach Westen orientiert haben. Dankners Villa ist mit dunklen, klobigen deutschen Eichenmöbeln eingerichtet; sein Golden Retriever ist das unübersehbare Kennzeichen der Upper Class. Auch Dankner strahlt große Resignation aus. Das zunächst vereinbarte Treffen hatte er absagen müssen, da an diesem Nachmittag die Bomben in der Jerusalemer Ben-Yehuda-Street explodiert waren. Als es tatsächlich stattfindet, ist die politische Lage zwar ruhig, doch jedesmal, wenn sein Telefon klingelt, blickt Dankner besorgt und ist innerlich schon wieder auf dem Sprung ins Fernsehstudio. Eine neue Bombe? Wo? Wann?

Während des Gesprächs findet diesmal nirgendwo im Land ein Terrorakt statt. Doch die innere Anspannung, diese hochgradige Paranoia, ist allenthalben vorhanden. Die einst eine israelische Grundhaltung ausdrückende Floskel »Jihije beseder« (»Es wird schon alles o. k. sein«), die zu jeder Gelegenheit immer wieder mit einem zuversichtlichen Lächeln gebetsmühlenhaft heruntergeleiert wurde, ist mittlerweile nur noch eine leere Hülse, da die meisten einfach nicht mehr glauben können, daß alles gut werden wird. Dankner äußert denn auch seine Skepsis mit aller Vehemenz. Er hat seinen Sohn in die USA zum Studium geschickt, damit er sich bereits auf ein Leben außerhalb Israels, ohne Israel, vorbereiten kann. Dankner beschwört eine Art Endzeitstimmung herauf, die erschreckend ist. Für ihn ist die Zukunft Israels bereits besiegelt. Er und viele seiner Freunde und Bekannten bereiten ihre Familien darauf vor, daß es Israel in naher Zukunft nicht mehr geben wird. Ihre Kinder lernen schon früh Englisch, damit sie sich eines Tages in anderen Ländern ohne große Probleme verständigen können, und alle, alle wollen sie ihre Kinder ins Ausland schicken – so bald wie möglich.

Für eingefleischte Zionisten ist diese Haltung ein Greuel. Früher galt die Auswanderung aus Israel als »Jerida«, als Abstieg. Jeder Jored, jeder Auswanderer, bekam von der israelischen Gesellschaft ein Stigma aufgedrückt. Er war ein Verräter am Werk des Zionismus, einer, der freiwillig in die Diaspora zurückging.

Wie realistisch die Zukunftsvisionen Dankners und seiner Freunde sind, bleibt dahingestellt. Doch sie werfen ein eindeutiges Licht auf den Gemütszustand der sogenannten geistigen Elite des Landes.

Auch Ori Dasberg, ein junger Philosoph aus Jerusalem, ist auf entschiedene Distanz zu seinem Heimatland gegangen. Sein Vater, ein weltberühmter Psychoanalytiker, ist Überlebender des Holocaust und würde für nichts auf der Welt Jerusalem, wo er nun seit rund 50 Jahren lebt, verlassen. Doch Ori, der während seines Studiums zwischen Jerusalem, Berlin und New York pendelte, hat sich endgültig entschieden. Er verläßt Israel für immer. Auf einem wehmütigen letzten Spaziergang durch seine Heimatstadt Jerusalem erklärt er seine Gründe. Die letzten zwei Jahre hatte er wieder in Jerusalem verbracht, er war unmittelbar Zeuge der Aufbruchstimmung unter Rabin geworden und hatte dessen Ermordung und den Wahlsieg

Netanyahus hautnah miterlebt. Schon damals, im Mai 1996, hat ihn die Wahlentscheidung seiner Landsleute in tiefe Verzweiflung gestürzt. »Was muß eigentlich geschehen in diesem Land, daß die Menschen endlich einmal vernünftig werden und eine friedliche Zukunft planen?« So hatte er geschrieben. An seine Freunde in Europa und den USA hatte er verzweifelte E-Mails geschickt, in denen er sein Entsetzen, seine Trauer und seine Hoffnungslosigkeit buchstäblich in die Welt hinausschrie, da er das Gefühl hatte, in Jerusalem mit niemandem mehr reden zu können. Ori, der seine Dissertation über Franz Rosenzweig schreibt, der sich in den USA als Herausgeber unbekannter Texte von Hannah Arendt betätigte, kann mit dem Massada-Komplex der Israelis nichts mehr anfangen. Massada, jene Felsenfestung am Toten Meer, wo eine Gruppe von Zeloten nach der Zerstörung Jerusalems und des Tempels im Jahre 70 d. Z. drei Jahre lang gegen die römischen Truppen Widerstand leistete und sich in der Nacht vor der Eroberung der Festung umbrachte, wurde zum Symbol des jüdischen Staates. »Massada darf nie wieder fallen« heißt die Losung der israelischen Armee und der religiösen Zeloten dieser Tage. Für Ori Dasberg und für viele andere linke Israelis ist dieses Bekenntnis mittlerweile eine Beschwörung des kollektiven Selbstmords und nicht mehr der Freiheit des jüdischen Volkes.

»Die Menschen hier sind so verbohrt, so fanatisch«, erzählt Ori während seines Abschiedsspaziergangs durch die Altstadt von Jerusalem, der durch die engen Gassen des Schuks immer tiefer in den muslimischen Teil hineinführt. Links und rechts stehen die Araber vor ihren kleinen Läden und rufen in ihrem gutturalen Englisch: »Souvenirs, Sir? Souvenirs?« Manche fassen einen an der Hand und versuchen den offensichtlich Fremden mit Gewalt in ihr Geschäft hineinzuziehen. Vorbei an Metzgereien, wo halbe Lämmer und Rinder an Schürhaken hängen und von Myriaden von Fliegen befallen sind, läuft Ori voraus, immer tiefer in den Schuk hinein. Aus allen Ecken dröhnt arabische Musik, deren hektischer Rhythmus überall Bauchtänzerinnen vermuten läßt und die Geschwindigkeit der Menschen bestimmt, die aneinander vorbeieilen, sich stoßen und drängeln, laut rufen und dabei immer in die Ferne schauen, um ihr inneres Ziel nicht aus den Augen zu verlieren. Auch Ori hat diesen typisch arabisch-israelischen Gang, und sein Ziel heißt »Jaffar«, ein arabisches Lokal mitten im Schuk, wo es das beste Knaffe der Stadt gibt. Knaffe, ein warmer, zerfließender Käse mit einer Kruste Zuckerguß, gekrönt von Pistaziensplittern, ist eine Köstlichkeit, die sich Ori an seinem letzten Tag in Jerusalem noch einmal gönnen will. Das Lokal ähnelt einer Bahnhofswirtschaft, kalt und ungemütlich. Doch Dutzende von verschleierten Frauen und Männern mit Keffyeh drängen sich an den kleinen grauen Resopaltischchen, nachdem sie ein dampfendes Stück Knaffe von der riesigen runden Platte bekommen haben, die ein junger Araber in Portionen zerteilt, während aus der Küche bereits die nächste frische Platte hereingereicht wird. Natürlich erkennen die Araber in dem Lokal Ori sofort als Israeli; sie sprechen mit ihm automatisch hebräisch und nicht englisch oder gar arabisch. Woran sie ihn erkennen? An der Selbstverständlichkeit, mit der er sich unter ihnen bewegt; an der Art, wie er sich eben nicht umsieht, weil er ja kein Tourist ist und sich das Ambiente nicht weiter anschauen muß. Er kennt es, es ist seine Heimat, sein Zuhause – das arabische Jerusalem genauso wie das israelische.

Beim arabischen Mokka mit Kardamom wird Ori wieder gesprächig. »Alles ist so eng hier, die Gassen, die Menschen, die Gedanken, die Hoffnungen.« Für Menschen wie ihn ist seiner Auffassung nach kein Platz mehr in Israel. Er kehrt zurück nach New York, der größten jüdischen Stadt der Welt. Doch daß sie eine jüdische Stadt ist, ist für ihn nicht mehr von Belang. Er sucht kein Judentum mehr, nur noch den freien Geist...

Der Schriftsteller Meïr Shalev widerspricht Ori Dasberg. Auch er ist ein aufgeklärter Intellektueller israelischen Zuschnitts; auch er lebt in Jerusalem, stammt aber aus einer Kibbuz-Familie der ersten Stunde. »Ein Russischer Roman«, sein internationaler Erstling, mit dem er durchschlagenden Erfolg hatte, erzählt die Geschichte einer russischen Familie, die in der Jischuw-Zeit nach Palästina kommt und sich dort in einem Kibbuz niederläßt. Bis heute läuft Shalev in der typischen Haltung und Kleidung eines Kibbuzniks durch Jerusalem: Shorts und einfache Sandalen. Seine Hände sind kräftig, und man mag eher vermuten, daß Shalev in der Erde wühlt, als daß er am Computer sitzt, um Bücher und Zeitungsartikel zu schreiben. Shalevs Stimme hat in der israelischen Öffentlichkeit hohen Rang. Er war der Ghostwriter der vielbeachteten Rede, die der israelische Präsident Ezer Weizmann 1996 im Deutschen Bundestag gehalten hatte – eine Rede voller historischer Erinnerung, aber immer bereit zum Brückenschlag, immer bereit für eine versöhnliche Geste zwischen ehemaligen Feinden, Deutschen und Juden.

Auch Shalev sieht die Zukunft alles andere als rosig: »Die Rechten verändern bereits das Land, und ich habe Angst.

Nicht nur auf einer allgemeinen ideologischen Ebene, sondern auch auf persönlicher Ebene, weil all diese schrecklichen Dinge ja bereits geschehen – initiiert durch den sogenannten religiösen Zionismus sowie durch unseren neuen Ministerpräsidenten mit seinen angeblichen Fähigkeiten als Regierungschef. Ich bin allmählich in einem Alter, in dem man nicht mehr so schnell rennt und auch nicht mehr so gut kämpfen kann. Natürlich mache ich mir Sorgen, um mich persönlich, um die Gesellschaft, um meine Kinder. Jene Leute können uns mit ihrem Denken ins Desaster führen.«

Und doch sieht Shalev die Position eines Ori Dasberg kritisch:

»Es gibt da eine Agonie und eine gewisse Hoffnungslosigkeit, die ich nicht mag. Viele Menschen leiden immer noch unter dem Tod von Jitzchak Rabin. Aber ich denke, daß dies kein Grund ist, immer noch verzweifelt zu sein und zu sagen: Laßt uns dieses Land verlassen. Wir müssen verstehen, daß wir uns jetzt in einem Bruderkrieg befinden, der zwar noch nicht gewalttätig ist, es aber bald werden kann.«

Es war der Rocksänger Aviv Geffen, der nach dem Wahlsieg Netanyahus vehement zur Auswanderung aufgerufen hatte. Geffen, der bei der Demonstration aufgetreten war, bei der Rabin erschossen wurde, war danach zum Symbol der »Enkel Rabins« geworden, jener jungen Generation, die eine Woche lang mit Kerzen jeden Abend auf dem Kikar Rabin, der damals noch Platz der Könige Israels hieß, zusammenkam und ihrer Trauer und ihrer Hoffnung auf Frieden Ausdruck verlieh. Geffen war schon immer ein Bürgerschreck gewesen mit seinen dunkel geschminkten Augen, vor allem aber aufgrund seiner Weigerung, zur

Armee zu gehen. Er hatte damals in seinen Liedern und in vielen Interviews die Stimmung unter den jungen Leuten wiedergegeben, die den Krieg satt hatten, die keine zionistischen Ideale mehr hatten, sondern endlich so leben wollten wie Jugendliche überall in der westlichen Hemisphäre – hedonistisch, vor allem aber: in Frieden.

Auch Geffen wurde nach der Wahl 1996 von Verzweiflung gepackt, als er sah, daß die Hoffnung auf Frieden vorerst vorbei sein dürfte. Sein programmatischer Aufruf, das Land zu verlassen, war selbst von Sympathisanten kritisiert worden. Auf einmal regte sich wieder ein verschütteter Zionismus unter den säkularen Jugendlichen, aufgrund dessen das Verlassen des sinkenden Schiffes als unziemlich, als Verrat, als Feigheit eingestuft wurde. Inzwischen jedoch hat sich dieser wiederentdeckte Zionismus längst in Zynismus und eine merkwürdige Wurstigkeit verwandelt.

Die Sheinkin-Street in Tel Aviv: Der Name dieser Straße gilt als Synonym für die israelische Avantgarde. In den Cafés und Restaurants treffen sich die jungen Künstler und Intellektuellen der Stadt, in den Modegeschäften und kleinen Boutiquen kann man alle erdenklichen Extravaganzen auftreiben, die derzeit angesagt sind. Was in den sechziger Jahren für London die Carnaby Street war, das ist heute für Tel Aviv »die Sheinkin«, wie sie einfach genannt wird. Spricht man die Kaffeehausbesucher auf die politische Lage des Landes an, so winken die meisten nur ab. Sie haben keine rechte Lust, über etwas zu diskutieren, was sich sowieso nicht ändern läßt. Dabei leben sie in einer Scheinwelt, die sie in der Illusion beläßt, »Jerusalem«, dieses Symbol für alles Reaktionäre, sei Lichtjahre entfernt. Und in der Tat: Bewegt man sich durch die

Sheinkin und die angrenzenden Straßen – die Allenby, die Bograshov und wie sie alle heißen –, so ist der innerisraelische Krieg, dieser »Bruderkrieg«, wie ihn Shalev nennt, weit weg, wie in einem anderen Land, auf einem anderen Planeten. Tel Aviv wirkt wie eine Mittelmeer-Metropole, die genauso in Italien, Griechenland oder Spanien sein könnte. Und doch wurde Jitzchak Rabin ausgerechnet im Zentrum dieser lebenslustigen Stadt ermordet, in der nachts die Straßen genauso im Verkehrsstau ersticken wie tagsüber – eine Stadt, in der das Leben nicht stillsteht.

Die so offenkundige Ignoranz dieser Jugendkultur wird durch einige Vordenker des linken Establishments bestätigt, zum Beispiel durch Anita Shapira. Anita Shapira, die in Polen geboren wurde und als kleines Kind mit ihren Eltern nach Israel ausgewandert war, ist eine international anerkannte Historikerin und Spezialistin für die Geschichte des Zionismus. Sie empfängt ihren Besucher das erste Mal bei sich zu Hause in einer luxuriösen Villa, die ein überaus begabter Innenarchitekt als Wohnlandschaft mit europäischen wie mit orientalischen Elementen gestaltet hat. Ein weiteres Mal ist sie zu einem Gespräch in den Räumen des Jitzchak-Rabin-Instituts bereit, dessen Vorsitzende sie ist. Anita Shapira trägt ihr Haar ganz kurz; ihre dunklen Augen blicken aufmerksam und lustig immerzu umher. Ihr Benehmen ist äußerst europäisch gesittet: »Bitte schön!«, »Danke schön!«, »Möchten Sie vielleicht...?«. Die etwas derbe Ruppigkeit des typischen Durchschnittsisraeli fehlt ihr gänzlich.

Frau Shapira, die sich viele Jahre mit der Gestalt Ben Gurions beschäftigt hat, ist in ihrer Erziehung ein Produkt der aschkenasischen Arbeiterpartei-Elite. Natürlich sieht sie die Probleme von heute. Sie sieht die Gefahr, die dem

Land durch die religiösen Parteien droht, und betont, daß es ihr angst mache, »daß diese Leute mir mein Judentum wegnehmen wollen«. Sie erkennt auch ohne weiteres, daß Schas eine Partei ist, die ihrer Klientel eine rückwärtsgewandte Politik als progressiv verkauft. Und doch will sie nicht so recht einsehen, warum die Diskussion um die jüdische Identität in Israel so wichtig sein soll: »Ich würde sagen, daß die jungen Leute in Tel Aviv es lieben, in dieser Stadt zu leben. Sie lieben ihr Land, sie haben eine tiefe Bindung an diesen Ort, wo sie geboren wurden – und damit hat es sich. Warum sollten sie jeden Morgen in den Spiegel schauen und sich fragen: Wer bin ich?«

Längst haben viele andere gemerkt, daß es einen Bereich gibt, der ihnen gänzlich fehlt und den sie bislang unwidersprochen den Frommen überlassen hatten: die heiligen Texte.

Es ist kein Zufall, daß sich allerorten Lerngruppen bilden, wohlgemerkt: nichtreligiöse Lerngruppen, die es sich zum Ziel gemacht haben, ihre Bildungslücken hinsichtlich der Thora und des Talmud aufzufüllen. Ähnlich wie in einer Jeschiwa sitzen sie beisammen und studieren die heiligen Texte, allerdings als Texte und nicht als Worte Gottes. Leute wie Amnon Dankner haben solche Lerngruppen eingerichtet, und so auch Shulamit Aloni, die, anders als viele andere linke Politiker, die Bibel durchaus kennt und darum von den Frommen bei Parlamentsdebatten aufs heftigste gehaßt wurde, da sie ihre Gegner mit deren Waffen schlagen konnte.

Dieses Zurück-zu-den-Wurzeln ist eine neue Entwicklung, die erst durch die Konfrontation der beiden Begriffe »Jude« und »Israeli« aufgekommen ist. Meïr Shalev war in dieser Hinsicht sicher einer der Vorreiter. In der Tageszeitung *Jediot Achronot*, für die er seit Jahren als Kolumnist arbeitet, veröffentlichte er über längere Zeit seine sehr persönlichen, sehr weltlichen Bibelauslegungen, die als Essaysammlung »Der Sündenfall – ein Glücksfall?« auch auf deutsch erschienen sind. Shalev ging es hier in erster Linie darum, eine Tradition, der sich ein älterer Autor wie Amichai noch ganz selbstverständlich bediente, wiederaufleben zu lassen, nachdem die Verachtung alles Religiösen auf der säkularen Seite dazu geführt hatte, das jüdische Erbe lediglich als das Erbe der anderen zu verstehen und sich damit der eigenen Wurzeln zu berauben, die man ausschließlich in der Geschichte des Zionismus zu finden glaubte.

Es verwundert jedoch, wie lange die säkulare Mehrheit angesichts der wachsenden Macht der orthodoxen Parteien geschwiegen hat. Im Juni 1997 kam es erstmals in Tel Aviv zu einer Demonstration gegen die Orthodoxie, gegen einen fundamentalistischen Staat, vor allem aber gegen das Recht der Frommen, nicht zum Militär zu müssen und gleichzeitig doch die Geschicke des Staates lenken zu dürfen. Insbesondere dieser Punkt irritiert die Israelis allmählich: Jeder Israeli gibt drei Jahre seines Lebens für die Armee hin und leistet danach noch jedes Jahr bis zur Vollendung seines 55. Lebensjahres eine gewisse Reservedienstzeit ab – ein großes Opfer, das bislang allerdings ohne Murren hingenommen wurde. Nun aber möchte man diese Freistellung der Orthodoxen abschaffen. Entweder, so lauteten die Parolen auf der Demonstration, müssen alle Juden den Militärdienst ableisten, oder aber diejenigen religiösen Kräfte, die sich weigern, Teil der »Zahal« zu sein, dürfen nicht länger an Entscheidungen teilhaben, die die Mehrheit der Gesellschaft und die Zukunft des Landes betreffen. Daß sich diese Haltung auch auf die Moral der Truppe niederschlägt, versteht sich.

Gad, ein 27jähriger Computerfachmann, ist nicht der einzige, der sich mit Hilfe eines ärztlichen Attestes aus der diesjährigen vierwöchigen »Miluim«-Zeit herausstiehlt. Darauf angesprochen, daß solch ein Verhalten noch vor einer Generation gänzlich undenkbar gewesen wäre, antwortet der junge Sefardi kühl: »Wenn die Dossim zum Militär gehen, dann werde ich auch wieder gehen. Ansonsten laß mich mit der militärischen Moral einfach in Ruhe!«

Der Jerusalemer Stadtratsabgeordnete Ornan Yekutieli hat im Kampf gegen die Frommen eine Organisation mit dem Namen »Am Hofshi« (»Ein freies Volk«) ins Leben gerufen. Ihre Mitglieder stammen aus den verschiedensten Parteien und Interessensgruppen. Ziel von »Am Hofshi« ist die Stärkung eines demokratischen Israel, in dem vor allem eine endgültige Trennung von Staat und Synagoge erreicht wird. Dazu müssen, nach Ansicht Yekutielis, mehrere Punkte berücksichtigt werden.

Zunächst einmal dürfe der Staat keiner Strömung innerhalb des Judentums das Monopolrecht zusprechen, was de facto jedoch geschähe. Das säkulare Erziehungssystem müsse vor »Konversions«-Versuchen der Ultraorthodoxen geschützt werden. Die finanziellen Zuschüsse für Einrichtungen der Ultraorthodoxen, wie Schulen, Kindergärten, Jeschiwot, sollten unter Aufsicht gestellt werden und dürften nicht mehr überproportional zum Bevölkerungsanteil der Frommen (rund 15%) ausfallen. Zusätzlich müßten die Rechte der Frauen und die freie Entfaltung der anderen religiösen Strömungen innerhalb des Judentums vom Staat garantiert werden. Mit anderen Worten also: »Am Hofshi« plädiert für eine Demokratie, wie sie in Westeuropa bereits selbstverständlich ist.

Anita Shapira übersieht diese Entwicklung, übersieht auch die Bedürfnisse, die in einer sich völlig neu formierenden Gesellschaft entstehen. In gewisser Weise ist ihre »naive« Reaktion typisch für die Schwäche der Arbeiterpartei, die sich noch nicht von den alten Wertvorstellungen überkommener Kibbuz-Zeiten trennen kann und in ihrer allgemeinen Tendenz häufig so antiquiert erscheint wie in Deutschland die SPD, deren Mitglieder sich untereinander immer noch mit »Genosse« anreden.

Als im Sommer 1997 in Basel anläßlich der Feier zum 100jährigen Bestehen des Zionismus ein wissenschaftliches Symposion abgehalten wurde, bei dem der linke Historiker Shlomo Ben-Ami aus seiner sefardischen Sicht die Geschichtsschreibung des Zionismus als einseitig aschkenasisch brandmarkte, war es Anita Shapira, die auf diesen Vorwurf empört reagierte. Und noch Wochen später, in ihrem Büro, kommt sie auf den Vorfall zurück und holt zum großen Schlag aus. Sie verstünde nicht, warum die Sefardim sich immer nur beklagen würden. Sie selbst sei Immigrantin und habe sich im Lande hocharbeiten müssen. Dieses Land biete doch allen Menschen die gleichen Chancen; jeder habe doch anfänglich Schwierigkeiten gehabt, das brauche eben seine Zeit, bis man sich etabliert habe…

Angesichts solcher Positionen, die bis heute in der Arbeiterpartei verbreitet sind und die auch einem europäisch ausgerichteten Intellektuellen wie Shimon Peres zum politischen Verhängnis geworden sind, kann es nicht verwundern, daß Avoda immer noch nach einem neuen Profil sucht, um bei den nächsten Wahlen endlich auch die

Schicht anzusprechen, die es für einen Wahlsieg so dringend benötigt: den sefardischen Mittelstand.

Während sich die israelische Gesellschaft immer tiefer spaltet, während die Auseinandersetzungen im Lande sich mehr und mehr um innenpolitische Probleme drehen, gibt es natürlich, abseits von der Öffentlichkeit und vor allem unentdeckt von den Kameras der internationalen Fernsehstationen, verschiedene kleine Gruppen israelischer Friedensaktivisten, die zusammen mit friedenswilligen Palästinensern das mühsame Geschäft des täglichen Miteinanders üben.

Ron Pundak ist einer dieser Friedensaktivisten, vielleicht auch der prominenteste. Der blonde, schmale, knapp vierzigjährige Mann gehörte zum Verhandlungsteam der Israelis in Oslo, als die ganze Welt noch vergeblich nach Washington schaute, wo die jordanisch-palästinensische und die israelische Delegation sinnlose Gespräche führten, die in einer Sackgasse zu enden drohten. In jener Zeit, Anfang 1993, traf sich Pundak zusammen mit einem israelischen Kollegen erstmals mit palästinensischen Führern wie Abu Mazen. Pundak ist einer der Väter des Oslo-Abkommens, das er heute, nachdem Likud die Regierung stellt, auf halboffizieller Ebene weiter zu verwirklichen sucht.

In dem kleinen, schäbigen Büro des palästinensischen Journalisten Zyad Abu Zayyad mitten in Ostjerusalem ist Pundak in diesen Herbsttagen 1997 häufig zu finden. Zayyad ist eine Leitfigur der Palästinenser, ein Mann des Ausgleichs, der vor einigen Jahren zusammen mit dem jüdischen Journalisten Victor Cygielman das *Palestine-Israel Journal* gegründet hatte – ein Magazin, in dem palästinensische und israelische Intellektuelle zu Wort kommen und das in jedem Heft ein Schwerpunktthema zur Debatte stellt. Zayyad arbeitet im stillen mit Ron Pundak aufs intensivste zusammen.

Unterstützt durch Finanzmittel der EU, versuchen die beiden Männer, ihr Vorhaben zu realisieren: Arbeitsgruppen von palästinensischen und israelischen Journalisten, Wissenschaftlern und Künstlern sollen auf lange Zeit miteinander Projekte entwickeln, die der Stabilisierung der Region ebenso dienen sollen wie einem besseren Verständnis füreinander. Diese Langzeitprojekte sind gewiß unspektakulär, doch sie können auf Dauer mehr erreichen als großartige symbolische Gesten auf höchster politischer Ebene, die seit 1996 ohnehin ausbleiben. Pundak setzt damit das Oslo-Abkommen in direkter Weise fort, denn in dem Abkommen gab es ursprünglich einen Anhang, der solche Begegnungen und Zusammenarbeit forderte.

Pundak, der mit seinem korrekten Haarschnitt wie ein amerikanischer College-Student ausschaut, weist gerne auf das eigentliche Ereignis von Oslo hin: »Wir wollten den Lauf der Geschichte verändern. Mit Oslo hatten wir erstmals eine Situation geschaffen, in der Palästinenser und Israelis sich gemeinsam überlegten, was für beide Seiten gut sein könnte.«

Das Oslo-Abkommen, das ja im eigentlichen Sinne kein Friedensvertrag war, sondern der Versuch, ein wirkliches »Miteinander« zwischen Israelis und Palästinensern zu schaffen, hatte von beiden Seiten ein Umdenken erfordert. Auf der israelischen Seite galt bis 1993 die Regel: Gut ist, was uns nützt und den Palästinensern schadet.

In Oslo bildete sich zum ersten Mal ein Team, das zwar unterschiedliche Ansichten hatte, sich aber doch als eine

Einheit verstand. Die angenehme Atmosphäre in dem Landhaus des norwegischen Außenministers mochte dazu ebenso beigetragen haben wie die persönliche Sympathie zwischen den Verhandlungspartnern. Die neue Sicht auf den Nahen Osten war vor allem auf israelischer Seite eine Revolution, da, insbesondere unter den verschiedenen Likud-Regierungen, der Palästinenser zum Untermenschen degradiert worden war.

Den Vorwurf vor allem der Rechten, daß Oslo zu viele Fragezeichen offengelassen hatte, kann Pundak so nicht akzeptieren. Zum einen müsse man das Abkommen aus der damaligen politischen Lage heraus verstehen: Die PLO sei äußerst schwach gewesen; Hamas und Jihad waren auf dem Vormarsch, und die israelische Armee, damals noch zuständig für die Sicherheit in den gesamten besetzten Gebieten, mußte zugeben, daß sie die Situation zu diesem Zeitpunkt der Intifada kaum noch unter Kontrolle hatte. Die Entführung und Ermordung des israelischen Polizisten Toledano führte immerhin auf Geheiß von Jitzchak Rabin zur Deportation von über 400 Palästinensern nach Libanon. Diese Aktion wurde von der gesamten Welt verurteilt, weil die libanesische Regierung aus taktischen Gründen die Palästinenser nicht ins Land hineinließ, so daß diese den Winter 1992/93 im Niemandsland überstehen mußten. Rabin war plötzlich unter Druck geraten. In dieser Situation war Oslo tatsächlich das Optimum dessen, was erreicht werden konnte. Und die offenen Fragen? Jerusalem? Palästinenserstaat? Grenzen? Die neue Form der Zusammenarbeit machte es möglich, diese problematischen Fragen zunächst auszuklammern. Die Palästinenser sahen ein, daß die israelische Regierung nicht alle Punkte auf einmal erledigen konnte, da die israelische Bevölkerung zu diesem Zeitpunkt damit überfordert gewesen wäre. Zudem hatte sich ja eine gewisse Vertrauensbasis ergeben, die beide Seiten ernsthaft daran glauben ließ, daß sie die anstehenden Probleme nach der Interimsphase von fünf Jahren lösen könnten. Wahrlich eine völlig neue Sicht der politischen Situation im Nahen Osten.

Pundak und viele andere versuchen, auf dieser Basis weiterzumachen. Von der israelischen Linken erwartet er in diesem Rahmen keinen nennenswerten Beitrag. »Die Linke kommt doch immer nur dann zusammen, wenn etwas absolut Wahnsinniges geschieht. Wie etwa Sabra und Schatila.«

Es sind diese Einzelkämpfer, die den wirklichen Frieden vorantreiben. Inzwischen hat auch der frühere Ministerpräsident Shimon Peres diese Möglichkeit für sich entdeckt. Im Herbst 1997 eröffnete er in Tel Aviv in Anwesenheit zahlreicher arabischer Politiker, die mit Benjamin Netanyahu nicht einmal telefonisch sprechen würden, das Peres Peace Center.

Aller politischen Verpflichtungen entledigt, kann sich Peres jetzt auf eine völlig neue Weise der Realisierung seiner Vision vom Wirtschaftsraum Naher Osten zuwenden. Seine Überzeugung, daß eine blühende wirtschaftliche Entwicklung in der Region letztendlich dem Frieden dienen könnte, versucht er nun in Form von Joint ventures und wirtschaftlicher Kooperation zwischen den arabischen Staaten, Europa und Israel zu realisieren. Doch der Friedensstifter Peres ist einer der Mitschuldigen für die heutige Entwicklung im Nahen Osten, für den Antagonismus zwischen Religiösen und Säkularen. Es war Peres, der Ende der achtziger Jahre die Große Koalition zwischen Arbeiterpartei und Likud beendete und mit Hilfe der religiösen Parteien eine neue Koalition zu bilden versuchte. Keiner der säkularen Politiker, nicht einmal das Idol Jitzchak Rabin, hat vor der Zusammenarbeit mit den orthodoxen Parteien zurückgeschreckt. Sie sind tatsächlich die Hauptverantwortlichen für die fortschreitende Fundamentalisierung in Israel. Sie haben jeweils einen hohen Preis an die Frommen für deren Regierungsbeteiligung gezahlt. Sie haben sie genährt und gefördert, um selber an die Macht zu kommen beziehungsweise um sie zu erhalten.

Mittlerweile hat sich das Bild verändert. Man kann sich kaum noch vorstellen, daß eine religiöse Partei mit einer Partei aus dem linken Spektrum koalieren würde. Das gefährliche Gebräu aus Nationalismus bei Likud und Religion bei Mafdal, Schas, Agudat und vielen anderen hat sich als äußerst verfallsresistent erwiesen.

Man darf nicht vergessen, daß zu den Säkularen natürlich auch die Politiker und viele Anhänger des Likud gehören – Menschen, die wie Benjamin Netanyahu häufig noch der revisionistischen Ideologie eines Ze'ev Jabotinsky anhängen, die wenig Möglichkeiten für einen Dialog mit dem Feind, mit den Arabern, offenhält.

Ausgerechnet der völlig unreligiös eingestellte Dan Meridor hat Verständnis für die Koalition mit den Religiösen und erläutert, warum man die Rabbiner nicht einfach übergehen kann. Er verweist auf die historische Entwicklung im Europa des 19. Jahrhunderts, auf die Assimilationstendenzen in der Judenheit, auf die Versuche eines Reformjudentums, sich an die Gegebenheiten der jeweiligen europäischen Kulturen anzupassen. Das Ergebnis war häufig das Verschwinden der Juden, das völlige Aufgehen in der nichtjüdischen Gemeinschaft. »Wir Zionisten wollten doch etwas anderes. Für uns ist die jüdische Kultur bedeutsam, sie gilt es zu bewahren. Wir haben hier in Israel doch das Modell des modernen Juden entworfen. Können wir dabei auf unsere Tradition, die nun einmal zum großen Teil von Rabbinern und Religionsgelehrten verkörpert wird, verzichten?«

Heißt das, mit anderen Worten, daß eine Trennung von Religion und Staat tatsächlich »unjüdisch« wäre, daß eine Demokratie im westeuropäischen Sinne also in einer jüdischen Gemeinschaft gar nicht möglich wäre?

Der Kulturkampf in Israel könnte richtungweisend für viele Gesellschaften in der sogenannten Dritten Welt sein. Vielleicht könnte sich in Israel ein neues gesellschaftliches Modell entwickeln, das sich vor allem für Völker mit ausgeprägter religiöser Tradition als Vorbild anbieten würde. Zu hoffen wäre es, doch gleichzeitig kommen auch Zweifel auf. Es gibt neben der Demokratie bislang keine andere Gesellschaftsform, die einen echten Pluralismus zuläßt, die Gleichwertigkeit individueller Lebensformen. Der Kampf der säkularen Linken gestaltet sich diffus, da er unorganisiert ist und sich derzeit gegen Windmühlen richtet. Es ist aber offensichtlich, daß sich der Haß auf alles Religiöse und die politische Rechte immer schärfer artikuliert. Auch von dieser Seite also gibt es keine ausgestreckte Hand, keinen Versuch, die Gräben zu überbrücken.

# Die israelischen Araber

Erinnerungen aus dem Jahr 1993: Der Lärm war unbeschreiblich. Jungen und Mädchen tobten durch das Klassenzimmer, lachten und schrien durcheinander. Hebräische und arabische Wortfetzen drangen durch das Getöse. Auf den Tischen der Kinder türmten sich Gemüse und Salate in prächtigen Farben: rot, grün, gelb und braun. Daneben standen Einmachgläser. Arik, ein kleiner, dunkelhaariger jüdischer Knirps, schnappte sich eines der Gläser und begann, darauf einen wilden arabischen Rhythmus zu trommeln. Doch dann rief Ismael, der Lehrer, alle zur Ordnung. Sofort wurde es ruhig, und die Kinder begannen voller Eifer das Gemüse zu waschen, zu putzen und in kleine Stücke zu schneiden. Ratiba, eine palästinensische Mutter, ging durch die Reihen, gab hier eine Anweisung, erteilte dort einen Ratschlag. Die jungen Köche waren mit Feuereifer dabei, sich in einer alten orientalischen Kunst zu üben: das Einmachen von Lebensmitteln – in der sengenden Hitze des Nahen Ostens das einzig probate Mittel, um Speisen außerhalb des Kühlschranks haltbar zu machen. Es dauerte nicht lange, und schon standen die Gläser gefüllt mit dem Gemüse und den Salaten in wunderbar dickem, dunklem Olivenöl auf dem Tisch des Lehrers. Auf jedem Glas stand der Name eines Kindes in hebräischen und arabischen Buchstaben. Was wie eine gewöhnliche Unterrichtsstunde in Hauswirtschaft aussah, war in Wirklichkeit ein großangelegtes Projekt zur Koexistenz zwischen Arabern und Juden in Israel.

In Ramle, einer alten arabischen Stadt nicht weit von Tel Aviv, hatte der englische Ethnologe und Folklorist Dr. Simon Lichman, der seit über zwanzig Jahren in Israel lebt, 1991 ein Programm mit dem Titel »Traditionelle Kreativität und kulturelle Integration in den Schulen« begonnen. Ramle, neben Jaffa und Jerusalem in der Zeit des Osmanischen Reiches die wichtigste arabische Stadt Palästinas, hat eine wechselvolle Geschichte. Im israelischen Unabhängigkeitskrieg 1948 wurden zahlreiche Palästinenser aus der Stadt vertrieben. In Ramle wurde der ehemalige Waffenbruder Yassir Arafats, Abu Jihad, geboren, der vor einigen Jahren angeblich von Agenten des Mossad ermordet wurde.

Ramle wurde also Anfang der neunziger Jahre zum Versuchsobjekt eines ehrgeizigen Unternehmens, das sich allmählich auf das ganze Land ausdehnen sollte und von der Abteilung »Demokratie und Koexistenz« des israelischen Erziehungsministeriums gefördert wurde. »Ich wollte ein eigenartiges Phänomen durchbrechen«, meinte Projektleiter Lichman damals, »Araber und Israelis leben in der gleichen Stadt nebeneinander, aber sie nehmen sich buchstäblich nicht wahr. Man lebt in getrennten Welten; Kommunikation findet nicht statt, nicht einmal ein Blickkontakt.«

Lichmans Zielgruppe war die Schulgemeinschaft, also Kinder, Lehrer, Eltern und Großeltern. Voraussetzung für gegenseitiges Verstehen ist seines Erachtens das Wissen um die eigenen Wurzeln. Im ersten Jahr beschäftigten sich die Kinder mit Spielen der Eltern. Lichman ging abwechselnd in eine israelische und arabische Schule und forderte die Schüler auf, ihre Eltern zu befragen, was sie gespielt hatten, als sie selber noch klein waren. Eine der palästinensischen Mütter hatte beispielsweise aus Stoffresten Puppen gebastelt; ein jüdischer Vater hatte sich sein Spielzeug selber geschnitzt. In einem ersten Schritt ging es darum, die traditionelle Kunst der Eltern wieder zu erlernen, wobei diese miteinbezogen wurden. »Eines der größten Probleme in Israel ist die Entfremdung von den eigenen Wurzeln«, erklärte dazu Lichman. »Lange Zeit wurde die Politik verfolgt, Neueinwanderer so rasch wie möglich in den Mainstream der israelischen Gesellschaft einzugliedern. Die Menschen brauchen aber ein ausgeprägtes Gefühl der Volkszugehörigkeit, das muß man stärken. Nur dann können sie Fremden sicher und unbefangen gegenübertreten.«

Zusammen mit dem israelischen Schulleiter Rafik Hermo und dessen palästinensischem Kollegen Mabruk Abed Kadir war Lichman anschließend zu den Eltern gegangen, hatte mit ihnen geredet und sie in den Unterricht geholt. Ihm war es dabei nicht nur darum gegangen, den Kindern Fertigkeiten aus einer Zeit beizubringen, als es noch kein Fernsehen gab, sondern er wollte mit den Familien gemeinsam die Spielwelten der jeweiligen Gemeinschaften erkunden. Dabei sind alte Mythen und Geschichten aus der Versenkung gehoben worden, die viel über Denkstrukturen, Vorstellungs- und Gefühlswelten von Arabern und Juden aussagen. Und es offenbarte sich ein wesentlicher Unterschied zwischen den arabischen und israelischen Kindern. Die arabischen Kinder mußten immer alles zeigen – der Lehrer hatte im Klassenzimmer eigenhändig die Tische beiseite geschoben, damit seine Schüler

172

Platz hatten, Lichman alles vorzuführen. Die jüdischen Kinder hingegen hatten eher erzählt oder waren an die Tafel gegangen, um Dinge aufzuschreiben.

Nach Wochen der getrennten Vorbereitung hatten sich die arabische und die israelische Klasse abwechselnd in den beiden Schulen getroffen. Diejenigen Eltern, die aus ihrer eigenen Kindheit etwas mitgebracht hatten, waren hinzugekommen, und alle beschäftigten sich gemeinsam mit Holzschnitzerei oder lernten, wie man eine Puppe bastelt. Die Arbeitsgruppen waren stets ethnisch gemischt. Bereits nach einem Jahr zeichnete sich ein durchschlagender Erfolg ab: Zwischen den Eltern hatten sich feste Kontakte ergeben. Telefonnummern waren ausgetauscht worden; es waren Freundschaften entstanden. Die Kinder, die noch während der vorherigen Sommerferien nicht miteinander gespielt hatten, tobten nun plötzlich gemeinsam auf den Straßen herum.

Im folgenden Jahr ging es in der nächsten Projektstufe um die Ernährung. Lichman wiederholte dabei das im ersten Jahr angewandte Lehrprinzip. Mittels der unterschiedlichen Verfahren des Einmachens sollten wiederum eigene und fremde Traditionen veranschaulicht werden. Die Elf- und Zwölfjährigen hatten längst Spaß an der Sache gefunden und gingen völlig unbefangen miteinander um. »Baruchim Habaim« (»Herzlich willkommen!«) hatten die israelischen Kinder auf ihre Schultafel geschrieben, um die palästinensische Klasse zum gemeinsamen »Kochkurs« in den eigenen Räumen zu begrüßen. Äußerlich unterschieden sich die Kinder kaum voneinander, und fast jeder Versuch des Außenstehenden, die Kinder einer der beiden Gruppen zuzuordnen, schlug fehl. Das blonde Mädchen da ist doch sicher die Tochter jüdischer Europäer.

Falsch, sie ist Palästinenserin. Aber der kleine schwarze Junge dort drüben, das mußte ein äthiopischer Jude sein. Wieder falsch, auch er ist Palästinenser. Ein wildes Gemisch von Haut- und Haarfarben. In beiden ethnischen Gruppen gab es Helle und Dunkle; nur auf sprachlicher Ebene gab es klare Unterschiede: Die arabischen Kinder konnten alle Hebräisch, kaum ein israelisches Kind hingegen sprach Arabisch.

»Man kann aus dieser Gemeinsamkeit nicht mehr wirklich ausbrechen, nie wieder. Selbst wenn diese Kinder sich später als Erwachsene begegnen sollten, werden sie einfach nicht mehr verleugnen können, daß sie mal gemeinsam an einem Projekt teilgenommen hatten, daß sie Erfahrungen, Gefühle miteinander geteilt hatten. Die Welten sind ineinander verwoben«, hatte Lichman damals gehofft. Er hatte danach ein ähnliches Projekt in Jerusalem begonnen, und viele andere arabische und israelische Kommunen hatten sich ebenfalls für das Koexistenz-Programm interessiert. »Es gibt heutzutage keine Alternative zur multikulturellen Gesellschaft. Tatsächlich ist sie bereits eine Realität. Wir müssen dies nur noch in den Köpfen der Menschen verankern.« So lautete die Schlußfolgerung des Ethnologen aus England im Jahre 1993.

Mittlerweile hat sich die Situation kaum verändert. Nach wie vor ist den aufgeklärten Menschen im Lande klar, daß es auch in Israel keine Alternative zur multikulturellen Gesellschaft gibt. Nach wie vor gibt es Projekte wie jenes von Simon Lichman – doch das bedeutet keineswegs, daß es den israelischen Arabern deswegen auch nur um einen Deut besser geht als vor einigen Jahren.

Das »eigenartige Phänomen«, wie es Lichman beschrieben hat, ist nach wie vor gültig und betrifft die gesamte israelische Gesellschaft. Unter den rund 4 Millionen Juden leben verschiedene Minderheiten. Die größte – und problematischste – sind die knapp eine Million Araber, die mit israelischem Paß innerhalb der Grünen Grenze leben. Sie machen etwa ein Fünftel der gesamten israelischen Gesellschaft aus, doch – sie sind unsichtbar. Sie existieren schlichtweg nicht. Kaum ein Israeli nimmt diese Menschen auch nur in Ansätzen wahr. Man lebt tatsächlich in zwei verschiedenen Welten; man geht aneinander vorbei, wohnt, vor allem im Norden Israels – im Galil (Galiläa) –, nebeneinander, und doch weiß man nichts voneinander, redet nicht miteinander, übersieht sich. Das gilt bis heute zumindest für die israelische Seite. Die Araber hingegen würden gerne, allzu gerne, ein integrierter und selbstverständlich akzeptierter Bestandteil Israels sein.

Das war einmal anders, nach dem Unabhängigkeitskrieg 1948, als viele Araber in Israel geblieben waren, jedoch mit den Juden nicht eine gemeinsame Gesellschaft bilden wollten. Trotzdem waren sie mehrere Jahrzehnte lang von ihren eigenen Brüdern im Ausland verachtet worden, weil sie in diesem »zionistischen Gebilde« lebten, weil sie sich in deren Augen mit den Juden arrangieren wollten. Ähnlich wie Juden im Nachkriegsdeutschland offenbarten auch die palästinensischen Israelis eine komplexe, verstörte Geisteshaltung: Sie lebten im Land des Feindes, übernahmen dessen Sprache, viele Gewohnheiten und Eigenarten, profitierten vom wirtschaftlichen Wachstum des Landes und führten, zumindest materiell, zumeist ein besseres Leben als die Brüder in ihren jeweiligen Heimatländern. Doch diese 900 000 Araber waren lange Zeit mit einem Makel behaftet. Sie galten als Verräter an der Sache des eigenen Volkes, und sie bewahrten eine merkwürdige, doppelte Loyalität, die ihnen selber am meisten zu schaffen machte – eine Loyalität sowohl dem Staat gegenüber, in dem sie lebten, als auch gegenüber dem eigenen Volk. Auch wenn die Stigmatisierung der israelischen Araber in der arabischen Welt inzwischen nicht mehr in dem Maße gegeben ist, wirkt sie dennoch bis heute nach. Die israelischen Araber kämpfen immer noch um ihr Selbstbewußtsein, und dies wird ihnen dadurch noch erschwert, daß sie von ihren Mitmenschen, den jüdischen Israelis, keinerlei Anerkennung erfahren.

Für viele Israelis, vor allem für die politisch rechts orientierten, sind die Araber im eigenen Land ein Greuel – eine Gefahr, die im Innern des Staates lauert, vielleicht sogar eine »Fünfte Kolonne«. Das Mißtrauen gegenüber den Arabern, dieses tiefsitzende Feindbild, das sich primär auf die Palästinenser in den besetzten Gebieten und natürlich auf die Einwohner der feindlichen Nachbarländer bezieht, schließt auch jene Minderheit innerhalb Israels mit ein. Die Zweifel an der Loyalität der israelischen Araber schienen während der Intifada in den Augen vieler ihre Berechtigung zu finden. Lange Zeit hatten die in Israel lebenden Araber stillgehalten; dies wurde gerne übersehen. Doch wer wollte es ihnen verdenken, daß sie sich irgendwann mit ihren Brüdern in der Westbank und im Gazastreifen solidarisierten. Auf einmal sah man in den Straßen von Nazareth die gleichen Bilder wie in den besetzten Städten: brennende Autoreifen, Jugendliche, die Steine gegen die aufmarschierende Armee warfen, schießende Soldaten. Ein Alptraum schien Wirklichkeit zu werden; Gefahr drohte auf einmal auch aus dem Inneren des Staates. Doch die Aufstände ließen sich rasch wieder eindämmen, und die israelischen Araber beließen es bei gelegentlichen Demonstrationen gegen die Besatzungspolitik. Die Angst vor einem angeblichen Feind im eigenen Land hatte sich allerdings inzwischen bei den jüdischen Israelis verfestigt.

»Die jüdische Gesellschaft ist sehr viel rassistischer als der Staat. Der Staat reagiert rationaler. Die Mehrheit der Bürger im Land jedoch möchte eigentlich nicht, daß wir hier wählen dürfen.« Diese schmerzliche Wahrheit spricht Azmi Bishara nicht einmal mit Zynismus aus; er konstatiert sie lediglich. Doch abfinden will er sich mit dieser Situation gewiß nicht. Sein ganzes Leben widmet er dem Kampf um die Gleichberechtigung der Araber innerhalb Israels.

Azmi Bishara wurde 1956 in der größten arabischen Stadt Israels, in Nazareth, geboren. Er studierte Politologie, Soziologie und islamische Wissenschaften. Von 1980 bis 1985 lebte er in Ostberlin und promovierte an der Humboldt-Universität. Heute ist er Professor für Philosophie an der palästinensischen Bir-Zeit-Universität in den besetzten Gebieten, und er ist auch Abgeordneter in der Knesset. Azmi Bishara lebt weiterhin in Nazareth, und er überwindet nicht nur physisch permanent Grenzen. Obwohl er fließend Deutsch spricht, zieht er es vor, die Problematik der israelischen Araber auf Englisch darzulegen. Das Treffen mit ihm findet wie selbstverständlich im *American Colony* statt, jenem wohl schönsten Hotel in ganz Jerusalem; es liegt in der Osthälfte der Stadt und wird von Palästinensern und Israelis als »neutrale Zone« geachtet. Hier fanden früher zahlreiche Geheimverhandlungen zwischen den beiden verfeindeten Lagern statt; hier treffen sich Journalisten aus aller Welt mit ihren Gesprächspartnern von hüben und drüben, und jedermann akzeptiert die Situation. Das *American Colony* ist vielleicht der einzige Ort in Jerusalem, an dem sich niemand darum kümmert, ob man nun Jude, Christ oder Moslem ist, ob man Palästinenser, Israeli, Europäer oder Amerikaner ist.

Der als Garten angelegte Innenhof des Hotels strahlt eine gepflegte und ruhige orientalische Atmosphäre aus, in die sich Bisharas Temperament so gar nicht einfügen will. Auch wenn er äußerlich ruhig erscheint, gleicht er einem Pulverfaß. Der dunkelhäutige Mann mit dem mächtigen schwarzen Schnurrbart, dem eleganten Hemd, den wertvollen goldenen Ringen an seinen gepflegten Händen raucht einen Zigarillo nach dem anderen. Das Gespräch mit ihm wird ständig unterbrochen durch das Fiepen seines Handys oder durch Menschen, die ihn erkennen, auf ihn zukommen und mit ihm auf Arabisch, Hebräisch oder Englisch sprechen, ihm ihre Anerkennung für seine Arbeit aussprechen, ein politisches Anliegen vorbringen oder auch nur schlicht einige Worte mit ihm zur gegenwärtigen Situation im Nahostkonflikt wechseln wollen. Er ist ein berühmter Mann hier in Israel. Seine politischen Aktivitäten reichen bis weit in seine Schulzeit zurück. 1974 hatte er den Nationalrat der arabischen Gymnasiasten gegründet und geleitet. Die jungen Araber wollten ein Schulsystem in Israel erzwingen, das den arabischen Schülern das gleiche Ausbildungsniveau gewährte wie den jüdischen Schülern. Auch an der Hebräischen Universität in Jerusalem war er politisch aktiv gewesen. Und er scheute sich auch nicht, als Araber mit einem israelischen Paß und zudem in seiner Funktion als Dozent an der Bir-Zeit-Universität aktiv gegen die Okkupation der Israelis zu agitieren.

1991 gründete er zusammen mit gleichgesinnten Juden

und Arabern die »Equality Alliance«, eine Bewegung, die einen »Staat für all seine Bürger« fordert – einen Staat, in dem die Araber als nationale Minderheit anerkannt werden. Dies ist eine der Kernforderungen der palästinensischen Intellektuellen in Israel.

Die schwierige politische Situation Israels beruht seit den Anfängen auch auf der diffizilen Definition dieses Staates. Bereits in der Thora wird diese Problematik offensichtlich: Der Jude definiert sich über seinen Glauben und seine Volkszugehörigkeit. »Am Jisrael«, das Volk Israel – dies ist der Terminus, dessen sich die Bibel im hebräischen Original bedient. Hierbei muß berücksichtigt werden, daß der Begriff »Juden« für die Bezeichnung dieses Volkes erst sehr viel später aufkam. Nach dem Zerfall des Reiches Davids und Salomons in zwei Teilstaaten – Israel und Juda – wurde Israel bald völlig vernichtet. Nur die Bewohner Judas blieben übrig, und sie wurden dann »Juden« genannt.

Doch zurück zu den fünf Büchern Moses: Die Voraussetzung, daß ein Israelit oder Hebräer – oder später eben ein Jude – sowohl dem Volk Israel als auch der religiösen Gemeinschaft derer, die an den einen und einzigen Gott glaubten, angehört, eine Einmaligkeit in der Menschheitsgeschichte, macht es dem heutigen Staat Israel so schwer, sich im Rahmen einer Demokratie normal zu definieren. Der von Theodor Herzl beschworene »Judenstaat« definiert seine Staatsbürger aufgrund des Glaubens. Insofern ist man als Jude automatisch Teil des Staates und des Volkes – also der Nation –, als Araber, der in diesem Staat lebt, jedoch nicht. Der von Herzl übernommene europäische Nationenbegriff des 19. Jahrhunderts berücksichtigt im jüdischen Staat nur die jüdischen Staatsbürger. Demzufolge werden die israelischen Araber in ihren Pässen lediglich als israelische »Staatsbürger« ausgewiesen, sie sind nicht israelischer »Nationalität«.

Der weltbekannte palästinensisch-israelische Schriftsteller Anton Shammas lebt mit seiner Frau, einer israelischen Jüdin, mittlerweile in den USA. Bereits in den frühen achtziger Jahren hatte er Artikel veröffentlicht, in denen er die Gleichstellung der Araber und der Juden in Israel forderte und einem jüdischen Staat per se die Anerkennung verweigerte. Als erster wies er damals öffentlich darauf hin, daß das israelische »Rückkehrgesetz« absurd sei und eine große Ungerechtigkeit gegenüber den israelischen Arabern bedeute. Denn das Rückkehrgesetz gesteht einem soeben eingewanderten französischen, deutschen oder amerikanischen Juden – oder wo auch immer er herkommen mag – nicht nur mehr bürgerliche Rechte zu als einem im Lande lebenden Araber, sondern es garantiert jenem »Oleh Hadasch«, jenem Neueinwanderer, auch finanzielle Vorteile, die ihm die Integration erleichtern sollen. Diese Vorteile hat er natürlich auch gegenüber den jüdischen Israelis. Ein solches Rückkehrgesetz gibt es für die palästinensischen Flüchtlinge von 1948 natürlich nicht. Im Rahmen des Oslo-Abkommens wurde es allerdings angesprochen und sollte irgendwann in den zukünftigen Verhandlungen noch zur Diskussion gebracht werden.

Was Shammas bereits vor fünfzehn Jahren ausgesprochen hat, gilt noch heute. Azmi Bishara vertritt mit seiner politischen Linie innerhalb der Knesset eine ähnliche Richtung. Allerdings ist ihm klar, daß das Beharren auf einer Maximalforderung nichts bringen würde: »Jeder in Israel würde nur lachen, wenn wir Araber statt eines jüdischen Staates einen Staat seiner Bürger fordern würden!« Gleichwohl wird diese Diskussion unter progressiven Israelis bereits geführt. Nach dem Friedensabkommen von Oslo 1993 befaßten sich einige jüdische Intellektuelle aufs neue mit der Eigenständigkeit des Staates Israel und fragten sich, inwiefern das Geflecht der Abhängigkeiten zwischen dem jüdischen Staat und den jüdischen Gemeinden in der Welt über das »Rückkehrgesetz« noch aufrechterhalten werden sollte.

Bereits 1988 hatte der Publizist Boaz Evron das Rückkehrgesetz im Zusammenhang mit der Diskussion um einen »Staat der Bürger« in Frage gestellt. Nun aber, nachdem es so aussah, als ob Israel endlich in Frieden mit seinen Nachbarn leben könnte, meldete sich der Schriftsteller David Grossman zu Wort. In seinem Essay »Stell Dir vor, es ist Frieden« schrieb er 1993: »Millionen von Juden in den verschiedenen Diasporas werden ... entscheiden müssen: Wollen sie jetzt, da das Leben in Israel normaler wird, da sich hier so viele neue Herausforderungen auftun,... – wollen sie jetzt hierherkommen? ... Kommt ihr oder bleibt ihr? Und wenn ihr nicht kommt – werden wir, die Manager des Hotels Zion, euch eure Zimmer weiterhin reserviert halten?«

Bereits zuvor hatte der radikalzionistische Romancier Abraham B. Yehoshuah seinen Staat aufgefordert, jeglichen Kontakt mit jüdischen Gemeinden abzubrechen, die sich weigerten, innerhalb einer bestimmten Frist nach Zion zu kommen. Ze'ev Chafets vom englischsprachigen *Jerusalem Report* und Chanoch Marmari von der Tageszeitung *Ha'aretz* hatten in das gleiche Horn gestoßen und ebenfalls ein Ende des Rückkehrgesetzes gefordert. Auch sie begründeten diese Forderung unter anderem mit dem

Hinweis darauf, daß Israel endlich ein Staat aller seiner Bürger werden müßte. Natürlich ging es diesen linken Autoren nicht ausschließlich um die Gleichberechtigung der Araber. Ihr Hauptanliegen war vielmehr, daß sich Israel endlich aus der Abhängigkeit von den Diaspora-Gemeinden lösen und dadurch ein weniger hinterfragbares Selbstbewußtsein erlangen sollte; doch dies kann nur mit einer Neudefinition des »Israeli« und einer neuen, vorbehaltlosen Herangehensweise an die arabische Frage einhergehen.

Spätestens seit den enorm wichtigen Forschungsarbeiten der sogenannten postzionistischen israelischen Historiker mußte sich auch in Israel ein Bewußtsein dafür entwickeln, daß die »Flucht« der Palästinenser eine von vielen Mythen war, die der frühe Zionismus zur Rechtfertigung seiner Aktionen benötigte. Der Historiker Simcha Flapan hat dies eindrucksvoll belegt. Demzufolge war die palästinensische Fluchtbewegung vor und nach der Staatsgründung Israels eine Reaktion auf einen Aufruf der arabischen Regierungen, der den Palästinensern versprach, nach der Vernichtung der zionistischen Feinde mit den siegreichen arabischen Armeen in das Land zurückzukehren. Der Mythos besagt weiter, daß die jüdische Führung alles getan hätte, um die Palästinenser zum Bleiben zu bewegen.

Natürlich hatte die israelische Regierung die grausamsten Vergehen gegen die Palästinenser bereits früher zugegeben, sie hatte sie jedoch als »Einzelfälle« abgetan. Das Massaker von Deir Jassin während der Zeit des Unabhängigkeitskrieges erlangte traurige Berühmtheit. Die besondere Tragik dieses Vorfalls lag darin begründet, daß dieses Dorf bereits 1942 mit den jüdischen Nachbarsiedlungen einen Nichtangriffspakt geschlossen hatte. Dies kümmerte die rechtsgerichteten Irgun- und Lehi-Kämpfer, die sich der Ideologie Jabotinskys verschrieben hatten, überhaupt nicht. Am 9. April 1948 überfielen sie das Dorf und richteten dort ein Blutbad an. Männer, Frauen und Kinder wurden an die Wand gestellt und erschossen. Auch die Evakuierung von 50 000 Palästinensern aus den Städten Lydda und Ramle am 12. und 13. Juli 1948 war einer der traurigen »Höhepunkte« der Vertreibungspolitik der Zionisten. Selbst aus Nazareth sollten die arabischen Bewohner vertrieben werden, obwohl das zwischen der Stadt und der Armee geschlossene Übergabeabkommen eine Zusicherung enthielt, daß die Zivilbevölkerung unbehelligt bleiben würde. Erst nachdem ein hoher israelischer Militär sich dem Befehl der Evakuierung widersetzte, wurde der Plan fallengelassen.

Die problematischen Vergleiche zwischen Arafat und Hitler waren von einem rechtsgerichteten Politiker wie Menachem Begin zu erwarten und stellten keine sonderliche Überraschung dar. Als im Libanonkrieg 1982 die israelischen Truppen die Stützpunkte Arafats in Beirut bombardierten, zog Begin in einem Brief an den amerikanischen Präsidenten einen Vergleich zwischen dieser militärischen Aktion und der Bombardierung des Führerbunkers in Berlin. Die Gleichsetzung der Araber mit den Nazis wurde jedoch nicht nur von Begin vorgenommen, sondern sie entsprach der programmatischen Doktrin so mancher zionistischen Führer. Kein Geringerer als David Ben Gurion hatte dieselbe Taktik angewandt, um seine Truppen und die Bevölkerung entsprechend für den Kampf gegen die Araber zu motivieren. Vor dem Zionistischen Aktionskomitee in Zürich sagte Ben Gurion am

8. August 1947, daß es sich bei den Arabern um »die Schüler, ja die Lehrer Hitlers [handle], die behaupten, es gebe nur ein Mittel, die jüdische Frage zu lösen, nur ein Mittel – totale Vernichtung«. Als »Schüler Hitlers« bezeichnete Ben Gurion die Palästinenser während seiner Amtszeit als Ministerpräsident noch in zahlreichen Reden.

Angesichts dieser Doktrin darf es nicht verwundern, daß sich die Ängste und Zweifel der jüdischen Bevölkerung gegenüber den Arabern im eigenen Land bis heute erhalten haben. Dabei hatten die Begründer des Zionismus nichts weniger im Sinn als die Unterdrückung der arabischen Bewohner Zions. Theodor Herzl sprach sich in seinen theoretischen Texten für deren völlige Gleichberechtigung aus und selbst Ze'ev Jabotinsky, der Lehrmeister von Menachem Begin, Jitzchak Shamir und Benjamin Netanyahu, schreibt in einem seiner Aufsätze, daß eine vollständige Gleichberechtigung der beiden Rassen, der beiden Sprachen und aller Religionen in dem zukünftigen hebräischen Staat herrschen solle. Die nationale Selbstverwaltung jeder einzelnen der im Lande ansässigen Rassen in Angelegenheiten der Gemeinde, der Erziehung, der Kultur sowie eine bevollmächtigte politische Vertretung müsse in größtem Maße mitinbegriffen sein.

Von diesem Anspruch hat sich Israel heute weiter entfernt denn je. Die Ungerechtigkeiten gegenüber der palästinensischen Minderheit im eigenen Land sind so zahlreich, daß man sie kaum aufzählen kann. Die vielleicht entscheidendste ist die Landenteignung, die auch noch nach 1948 stattgefunden hat und viele Araber nicht nur ihres Besitzes, sondern auch ihrer uralten Heimatdörfer beraubt hat. Die Künstlerkolonie Ein Hod beispielsweise ist auf den Ruinen eines solchen Dorfes gebaut worden. Die ehemaligen arabischen Bewohner hatten sich mit der Einebnung ihrer Häuser einfach abzufinden. Es gibt nur wenige rechtliche Möglichkeiten, gegen solch eine Vorgehensweise zu protestieren. Im Zweifelsfall sind solche Taten militärisch begründet, und da hat das oft zitierte »Sicherheitsbedürfnis« Israels natürlich immer Vorrang.

Obwohl es arabische Abgeordnete in der Knesset gibt – Azmi Bishara ist bei weitem nicht der einzige –, sind die Araber in Ministerien, Gremien, Komitees und Planungsorganisationen so gut wie gar nicht vertreten. Ihre keineswegs selbstgewählte Abwesenheit führt dazu, daß nationale Planungskomitees überhaupt nicht auf die Idee kommen, die arabischen Bewohner in irgendeiner Weise zu berücksichtigen. Das geschieht nicht unbedingt mit böser Absicht; vielmehr führt dieses bereits oben erwähnte Leben in zwei Welten dazu, daß die jüdischen Israelis ihre Nachbarn einfach vergessen – als wären sie aus dem Bewußtsein ausgeblendet.

»Sie ignorieren einfach unsere Städte und Dörfer. Sie planen Straßen, ohne sich auch nur im geringsten darüber Gedanken zu machen, daß es im Bereich der geplanten Trasse arabische Siedlungen gibt. Wir sind einfach ein Hindernis, das man überwinden muß. Und so führen solche neuen Straßen durch unser Ackerland, womit wieder einige arabische Bauern um ihre Arbeit und ihren Besitz gebracht werden.« Bishara ist, trotz seiner Erregung, immer noch äußerst beherrscht, obwohl gerade die Bodenenteignung in Israel ein blutiges Kapitel darstellt. Vor 22 Jahren kam es nämlich bei Protesten gegen Bodenenteignungen im Galil zu Auseinandersetzungen zwischen Arabern und der Armee, in deren Verlauf sechs Araber er-

schossen wurden. An dem nach diesem Ereignis einge-
führten Gedenktag, dem »Tag des Bodens«, wird auch
heute noch die Armee im ganzen Land in erhöhte Alarm-
bereitschaft versetzt, da stets mit neuen gewaltsamen
Auseinandersetzungen gerechnet werden muß.

Die offensichtliche Ungerechtigkeit bei der Bodenenteignung kann auf juristischem Weg nicht bekämpft werden,
weil neben dem Staat noch eine zweite, halboffizielle
Kraft tätig ist: die Organisation Keren Kayemet, die sich
auf englisch als Jewish National Fund (JNF) bezeichnet.
Der JNF ist eine prästaatliche zionistische Organisation,
die es sich zum Ziel gesetzt hatte, für die jüdische Heim-
statt Land in Palästina zu erwerben. Bis heute erfüllt der
JNF diese Funktion; zugleich ist er auch für die Bewal-
dung des Landes zuständig. Entscheidend ist jedoch im
vorliegenden Zusammenhang, daß diese Organisation
den vom Staat oder von Privatpersonen erworbenen Boden nur an Juden weitergeben darf, so daß Palästinenser
keine Chance haben, je wieder an ihr Eigentum heranzu-
kommen.

Diese Ausklammerung des arabischen Bevölkerungsteils
aus so gut wie allen Bereichen des öffentlichen Lebens
wird in Israel häufig mit den Hinweis auf die arabischen
Parlamentsabgeordneten in Abrede gestellt. Sie seien
doch der beste Beweis für die funktionierende Demokratie im jüdischen Staat. Bishara und seine Kollegen jedoch
wehren sich gegen eine solche Vereinnahmung. In den internationalen Medien wird der Umgang Israels mit seiner
größten Minderheit gerne mit der früheren Situation in
Südafrika verglichen. Schnell sind die Journalisten mit
dem Begriff »Apartheid« bei der Hand. Doch Azmi Bishara lehnt dies brüsk ab: »Nein, Israel ist kein Apart-

heidsystem! Überhaupt nicht. Es gibt nicht zwei gesetzliche Systeme, sondern nur eins. Und wie auch immer wir das finden: Die Araber sind israelische Bürger, doch sie werden lediglich als tolerierte Fremde angesehen. Araber und Juden werden unterschiedlich behandelt: bei der Einkommensteuer wie an den militärischen Checkpoints.« Israel ist nicht ihr Staat, und sie sollen ihn auch nicht als solchen verstehen. Ihr Fehlen in nahezu allen wichtigen politischen Gremien wird noch verstärkt durch die Tatsache, daß sie in großen Firmen oder auch in der High-Tech-Industrie keine Anstellung bekommen. »Sicherheitsrisiko« heißt hier wieder das Losungswort – nicht Apartheid. Keine Frage, daß auch hier wieder Willkür herrscht.

Im Bereich des Schulsystems ist die Situation der israelischen Araber mit der der sefardischen Juden vergleichbar, allerdings noch weitaus schlimmer. Israel gibt nicht einmal die Hälfte des Budgets, das für jüdische Schüler vorgesehen ist, für arabische Schüler aus. Das ist um so bedenkenswerter, als rund 50% der Araber in Israel Kinder sind. Die Ursache hierfür liegt in der bis vor kurzem noch sehr traditionsverhafteten Lebensweise des arabischen Bevölkerungsteils begründet; er verzeichnete eine hohe Geburtenrate, aber auch eine hohe Kindersterblichkeit. Die hohe Geburtenrate ist geblieben, die Kindersterblichkeit hat jedoch deutlich abgenommen, da die Palästinenser immer mehr dazu übergegangen sind, das Gesundheitswesen des Staates in Anspruch zu nehmen, in erster Linie die Krankenhäuser, in denen übrigens nur 3% der Ärzte Araber sind.

Trotz der offensichtlichen Benachteiligung im Bildungsbereich ist der Lebensstandard vieler israelischer Araber in den vergangenen Jahrzehnten durchaus gestiegen; sie sind wesentlich besser situiert als ihre palästinensischen Brüder in den besetzten Gebieten. Die immer wieder geforderte Autonomie – wohlgemerkt innerhalb Israels! –, die alle israelischen Regierungen bislang in Angst und Schrecken versetzt hat, da dies als der erste Schritt zu einer staatlichen Unabhängigkeit eingestuft wird, in deren Gefolge sich die Palästinenser diesseits und jenseits der Grünen Linie schließlich vereinen könnten, ist nach Ansicht Bisharas längst nicht mehr realisierbar, allein schon deshalb nicht, weil die Entwicklung immer mehr in Richtung eines einzigen Marktes geht, der natürlich von Israel kontrolliert wird.

Die wirtschaftliche Aktivität der Palästinenser innerhalb Israels ist von den Zionisten längst zerstört worden. Die ehemaligen Bauern und Hirten sind nun bei jüdischen Arbeitgebern angestellt, und sie sind Konsumenten der israelischen Produkte, da sie keine eigenen produzieren können, nicht einmal Grundnahrungsmittel. Dennoch empfänden die Israelis die Autonomie immer noch als reale Bedrohung. »Dabei ist das nur radikale jüdische Propaganda«, ereifert sich Bishara.

Wie aber könnte der Weg zu einem »Staat der Bürger« aussehen? Die Formel lautet nicht Autonomie, sondern Gleichheit, wobei sich allerdings für den jüdischen Staat sofort auch die Frage nach dem Militärdienst stellen würde. Und in dieser Hinsicht würde sich wohl nicht nur für die jüdische Seite ein Problem stellen, sondern auch für die arabische. Bislang dürfen beziehungsweise müssen Araber in Israel aus einsehbaren Gründen nicht zur Armee. Wie aber könnte dieses Problem im Rahmen einer tatsächlichen Gleichheit gelöst werden?

Azmi Bishara, Anton Shammas und viele andere arabische Intellektuelle bestehen auf Gleichheit, da sie nur darin langfristig eine Chance zur Veränderung sehen. Ihre Forderung – eine proportionale Repräsentanz der Araber in den Planungsgremien, in den Ministerien, in den Rathäusern und in den Medien – ist rechtlich abgesichert. Es gibt zwar ein arabisches Programm im israelischen Fernsehen, doch es entspricht nicht den Ansprüchen und Bedürfnissen dieser großen Bevölkerungsgruppe. »Entweder wir bekommen einen eigenen Sender, oder aber das jüdische Fernsehen muß uns die uns zustehende Sendezeit geben. Wir müssen die Juden mit neuen Forderungen permanent überraschen«, sagt Bishara und lächelt angesichts solcher Aussichten.

Kann Israel solche Forderungen auf Dauer übergehen? Eigentlich nicht – und da setzen Leute wie Bishara an. Denn eine direkte Ablehnung würde bedeuten, daß Israel doch ein Apartheidstaat wäre. Andererseits bleibt jedoch die Frage offen, wer diese Forderungen wirklich durchsetzen soll. Die arabischen Abgeordneten in der Knesset? Sie sind zu wenige und obendrein auch in der schwierigen Situation, daß sie zwar vor dem Gesetz allen jüdischen Abgeordneten gleichgestellt sind, jedoch emotional nicht vollständig akzeptiert werden. Dies wurde ja auch offenbar, als, wie bereits erwähnt, die Rechte Jitzchak Rabin nach der Abstimmung über die Oslo-Verträge vorwarf, er hätte hierfür keine »jüdische Mehrheit«, da er auf die Stimmen der arabischen Abgeordneten angewiesen war (die er nicht in die Regierungskoalition berufen hatte); der rassistische Wahlslogan des Likud, »Netanyahu ist gut für die Juden!«, entsprang der gleichen Einstellung. Die Ausklammerung der Araber aus dem politischen Leben wird im übrigen gerne mit deren antizionistischer Haltung begründet. Dies hat allerdings noch keine der beiden großen Parteien daran gehindert, mit antizionistischen jüdischen Parteien zu kooperieren.

Fährt man durch die arabischen Gebiete Israels, vor allem im Norden des Landes, wird man den Eindruck nicht los, daß die Menschen dort von einer gewissen Lethargie befallen sind. In verschiedenen Gesprächen erhärtet sich der Eindruck, daß man die Hoffnung auf Veränderung zwar nicht aufgegeben, deren Chancen auf Realisierung aber in eine unbestimmte Zukunft verlagert hat. Die viele Jahrzehnte während Frustration, die andauernde Demütigung und Benachteiligung tragen ihre bitteren Früchte. Doch analog zur Situation in den besetzten Gebieten, wo die junge Generation die Intifada in Gang gebracht und sich damit stolz von der stoisch-verzweifelten Haltung der Eltern abgewandt hatte, gärt es natürlich auch unter den jüngeren israelischen Arabern. Es ist bezeichnend, daß die israelische Öffentlichkeit davon keine Kenntnis hat. Doch hintergründig braut sich da etwas zusammen, was mittelfristig zu einem gewaltigen Problem für Israel erwachsen könnte.

Andererseits läßt sich in der jüdisch-israelischen Gesellschaft eine Entwicklung verzeichnen, von der die Palästinenser profitieren könnten. Gemeint ist der zunehmende Trend zur Individualisierung, der, im Westen bereits weit fortgeschritten, auch in Israel Einzug gehalten hat. Gerade die jüngere, überwiegend politisch links eingestellte Generation steht den zionistischen Ideologien ihrer Väter äußerst skeptisch gegenüber. Diese nun aufkommende, zunehmend marktorientierte Individualisierung könnte einen Wandel in der israelischen Politik bewirken. Aus einem »zionistischen Gebilde« könnte eine »republikanische« Demokratie entstehen, in der die Frage der nationalen Identität nicht mehr von tragender Bedeutung wäre. Zukunftsmusik? Im Augenblick schon, zumal die Linke von den Arabern nicht als natürlicher Verbündeter gegenüber all den rechts orientierten, reaktionären Kräften in Israel angesehen wird. Es war schließlich die Linke – Mapai und Mapam, die direkten Vorgänger der heutigen Arbeiterpartei –, die in den Anfangsjahren des Staates den Arabern das Land weggenommen hat; das haben die Menschen bis heute nicht vergessen. Und es scheint auch, als hätte die israelische Linke das Problem der Integrierung und Gleichberechtigung ihrer arabischen Mitbürger einfach vergessen. »Ich nehme das der Linken nicht übel. Einem arabischen Sprichwort zufolge gibt es ein Haus mit Kindern, die Hunger haben, und ein Haus mit Kindern, das brennt. Erst rettet man die Kinder aus dem brennenden Haus. So ist es auch mit uns und unseren Brüdern in den besetzten Gebieten. Die israelische Linke muß sich erst um das brennende Haus kümmern, um die Palästinenser in den besetzen Gebieten«, so verständnisvoll und gelassen spricht Sheikh Abdallah Darwish, eine der großen muslimischen Führungspersönlichkeiten Israels.

Sheikh Abdallah Darwish zu finden ist nicht einfach. Von Tel Aviv aus muß man über den kleinen Vorort Kfar Saba in Richtung Grüne Grenze fahren. Der Sheikh bittet in Tira zum Interview, einer kleinen, abseits gelegenen Ortschaft im israelischen Kernland, die bereits bei der Einfahrt erkennen läßt, daß sie von Arabern und nicht von Juden bewohnt wird. Alles ist schmutziger als in jüdischen Ortschaften, verwahrloster, kaputter. Die Straßen sind teilweise nicht geteert, das Auto wirbelt Staub auf. Die

Geschäftsschilder in Arabisch sind aus einfachem Blech, die Häuser teilweise windschief, die Dächer schadhaft. Es gibt kaum Neubauten in Tira. Mißtrauisch blicken die Fußgänger – vor allem verschleierte Frauen – auf das fremde Auto. Die Häuserzeilen werden von der smaragdgrün schimmernden Kuppel einer Moschee überragt. Dort muß wohl der Sheikh zu finden sein. Doch die Moschee ist verschlossen. Aus einem Seitentrakt tritt eine Frau. Sie wisse nicht, wo der Sheikh zu finden sei, antwortet sie in ihrem gutturalen Hebräisch. Auch sie ist verwundert über den fremden Besuch. Es erscheint einem, als befände man sich in einer palästinensischen Stadt in den besetzten Gebieten, so fremd, so unwillkommen scheint man hier zu sein. Dabei müßten diese Araber doch an den Anblick von Israelis gewöhnt sein?

Zurück ins Auto, über Handy das Büro des Sheikhs anrufen und nach dem Weg fragen. Sein Sekretär beschreibt ihn und wird zum Wegweiser: »Wo sind Sie jetzt? Ah, an der Kreuzung bei der Bäckerei? Dann biegen Sie jetzt links ein, dann gleich wieder rechts und dann immer geradeaus.« Die Straße führt allmählich aus Tira wieder hinaus. Am Horizont sieht man das Minarett der nächsten arabischen Stadt: Kalkylia. Kalkylia aber liegt bereits in den besetzten Gebieten. So nah müssen Freund und Feind zusammenleben, so weit sind die Brüder eines Volkes voneinander getrennt.

Auf der rechten Seite der Straße erhebt sich ein billiger Plattenbau mit allerlei Geschäften. Dort verbirgt sich das karg möblierte Büro des Sheikhs. Welchen Zweck es genau erfüllt und warum es ausgerechnet in Tira liegt, bleibt unklar. Abdallah Darwish hat während der letzten Jahre eine wichtige Position im palästinensisch-israelischen

Establishment eingenommen. Er ist der spirituelle Führer der fundamentalistischen Islamischen Bewegung in Israel. Spätestens 1989 zeichnete sich der Aufstieg der islamischen Fundamentalisten in Israel ab. Bei lokalen Wahlen in den arabischen Dörfern und Städten verzeichneten die islamischen Aktivisten große Erfolge. In der zweitgrößten arabischen Stadt Israels, Umm el-Fahm, wurde ein Islamist zum Bürgermeister gewählt. Seitdem wird die Stadt nur noch Umm e-Nur genannt – Stadt des göttlichen Lichts.

Der Siegeszug des Islam in Israel geht auf das Jahr 1967 zurück. Damals konnten die israelischen Araber mit ihren Brüdern in der Westbank und im Gazastreifen wieder Kontakt aufnehmen, und zum ersten Mal seit 1948 hatten sie wieder Zugang zu den heiligen Stätten des Islam in Ostjerusalem. Ihr religiöses Leben wurde demzufolge auch vom Muslimischen Rat in Ostjerusalem wesentlich mitbestimmt. Dieser Rat vermittelte auch in Jordanien und Saudi-Arabien, so daß arabische Israelis die Erlaubnis zur Hadsch erhielten, zur Pilgerschaft nach Mekka. Seit 1978 nutzten Tausende muslimischer Israelis die Möglichkeit zur Pilgerfahrt.

Der in den besetzten Gebieten immer mehr Einfluß gewinnende islamische Fundamentalismus hatte natürlich auch seine Auswirkungen in Israel selbst. In den frühen achtziger Jahren gründete Sheikh Darwish dort die fundamentalistische Bewegung; doch im Gegensatz zur Entwicklung in den besetzten Gebieten stützte er sich primär auf eine gewaltfreie Hinwendung zur Religion. Es ging ihm darum, die religiösen Wurzeln innerhalb der arabischen Gesellschaft Israels zu stärken. Erste Ergebnisse wurden bald sichtbar: Die Moscheen erhielten wieder

größeren Zulauf, immer mehr junge Männer ließen sich
Bärte wachsen, bedeckten ihr Haupt und trugen die
Galabbyeh, das lange traditionelle Gewand.

Doch dies war nur ein erster Schritt. Die Frustration über
die jüdische Regierung in Jerusalem führte schließlich auf
Betreiben von Sheikh Darwish zu einem Aufschwung von
Eigeninitiativen. Junge Muslime reparierten eigenhändig ihre Dorfstraßen und errichteten Bushaltestellen (für
Männer und Frauen getrennt). Mit Hilfe der fundamentalistischen Organisation kümmerte man sich um alle Be-
lange, bei denen der Staat seinen muslimischen Bürgern
die Unterstützung verweigerte: Kindergärten, Bibliothe-
ken, Krankenhäuser und die Errichtung eines soziales
Netzes, das Einsame und Alte betreuen sollte. Sheikh
Darwish ging aber noch weiter: Er gründete in Israel eine
muslimische Fußball-Liga, und in Taibe läßt er nun sogar
eine religiöse Hochschule errichten. »Wenn der Staat
nicht bereit ist, uns zu helfen, dann helfen wir uns selbst!«
Mit diesem Slogan füllte er nicht nur ein von den Israelis
geschaffenes politisches Vakuum aus, er verhalf mit seinen Initiativen vor allem der jüngeren Generation zu neuem Stolz.

Ungeachtet der intensiven Verbindungen seiner Initiative
mit den verschiedenen fundamentalistischen Kräften in
der Westbank – Hamas und Jihad – sowie in anderen muslimischen Staaten hat sich Sheikh Darwish zur strikten
Gewaltlosigkeit verpflichtet. Solidarität – ja, Gewalt –
nein, so lautet sein Credo. Doch viele Israelis trauen dem
Frieden nicht ...

Sheikh Darwish betritt das Büro und begrüßt seinen Besucher mit einem kurzen Handschlag, aber mit abweisen-
dem Blick. Er trägt eine hellgraue Galabbyeh und einfa-

che Sandalen. Sein Haar und sein Bart sind kurz geschoren; sein linker Arm hängt schlaff herunter, das Relikt einer überstandenen Kinderlähmung. Sein Gesicht wirkt verschlossen und verschlagen. Er ist keineswegs ein Mann, dem man sofort Vertrauen schenkt. Auch er scheint sein Gegenüber erst einmal skeptisch zu begutachten, und trotz seiner versöhnlichen Worte über die israelische Linke baut sich im Raum zunächst einmal tiefes gegenseitiges Mißtrauen auf.

Übergangslos kommt er auf den militanten islamischen Fundamentalismus zu sprechen, der seiner Auffassung nach in erster Linie ein Problem für den Islam selber ist. »Ich lehne diese Gewalt aus tiefstem Herzen ab, denn sie stellt die gesamte arabische Nation in ein schlechtes Licht.«

Anders als der säkulare Bishara, der im übrigen ein christlicher Palästinenser ist, hat Sheikh Darwish keine Identitätsprobleme: »Israel ist mein Staat, die palästinensischen Brüder sind meine Nation.« Er möchte nicht das Land der Israelis besetzen, sondern deren Denken. Darum will er auch nicht nach Nablus oder Hebron ziehen, sondern in seinem Staat bleiben. Tatsächlich spricht der Sheikh von »seinem« Staat, den er allerdings voller Trauer angreift. Es sei so traurig, daß die Israelis nicht erkannt hätten, welche Chance ihnen die israelischen Araber bieten würden. Niemand kenne nämlich die Mentalitäten der beiden verfeindeten Völker besser als sie. Sie könnten in dem Konflikt als Vermittler auftreten; sie könnten »die Brücke« bilden zwischen Juden und Palästinensern. Dazu müßte diese Brücke aber gestärkt werden. Aber bislang hätte noch jede israelische Regierung genau das Gegenteil versucht.

Der Sheikh akzeptiert die historische Tatsache, daß beide Völker ein Anrecht auf Palästina haben. Deshalb gibt es seines Erachtens nur zwei Möglichkeiten: Man lebt vom Jordan bis zum Mittelmeer in einem Land zusammen, oder man muß das Land teilen. Aber nicht wie jetzt, wo Israel 70% des Landes besitzt. Das sei nicht gerecht.

Das Gesicht des Sheikhs ist inzwischen weicher geworden, freundlicher. Man kann seinen Worten Glauben schenken; dieser Eindruck setzt sich mehr und mehr durch. Es verwundert nur angesichts seiner Vergangenheit, daß dieser Mann so moderat ist. Drei Jahre saß er im Gefängnis, nachdem ihn das Militärgericht von Lod als angeblichen geistigen Führer einer militanten Untergrundorganisation verurteilt hatte. Nach seinem Gefängnisaufenthalt gründete er dann die Islamische Bewegung. Handelt es sich bei diesem Mann nun tatsächlich um einen echten »spirituellen« Führer? Angesichts all der radikalen und extremistischen »spirituellen Führer« der Juden und Muslime in der Region wäre das ein wahres Wunder.

Bald wird jedoch offenkundig, wieso Sheikh Darwish sich so friedvoll gibt und Verständnis für beide Seiten aufbringt. Nicht seine Liebe zu den Juden treibt ihn zu dieser Haltung, sondern – und auch dies ist ein kleines Wunder im Nahen Osten – sein Blick auf die globale Entwicklung, seine richtige Einschätzung der Bedeutung des israelisch-palästinensischen Konflikts für die Welt. »Die Welt wird nicht immer nur zusehen, wie zwei kleine Völker den internationalen Frieden, den wissenschaftlichen Fortschritt und die wirtschaftliche Prosperität aller zerstören. Eines Tages wird die Welt beiden Seiten ihre Träume entreißen. Dann werden Israelis und Palästinenser alles verlieren!«

Über die gegenwärtige Situation macht er sich keinerlei Illusionen. Ihm ist auch klar, daß die meisten Israelis ihn und seine arabischen Brüder innerhalb der Grünen Linie als »Flüchtlinge auf eigenem Land« ansehen. Und trotz seiner Sehnsucht, zwischen den verfeindeten Völkern vermitteln zu können, weiß er nur zu gut um seine isolierte Position. »Die israelische Linke ist trotz allem eine schlechte Linke. Sie überläßt die Straße der Rechten. Zuerst wird sie die Straße verlieren, dann wieder die Wahlen, und dann, dann verliert sie das Land.«

Die moderaten Töne des Sheikhs, die Anerkennung der Rechte der Juden – all diese wunderbaren, humanistischen Gedanken müssen für den normalen Israeli sofort wie Seifenblasen zerplatzen angesichts der Formulierung »Flüchtlinge auf eigenem Land«. Auch wenn Abdallah Darwish diese Definition der israelischen Araber den jüdischen Israelis in den Mund legt, ist sie doch eindeutig eine arabische Definition. Kein Israeli, auch keiner aus dem extrem linken Spektrum, würde heute davon sprechen, daß das Land, Israel, der Boden, die Heimat eigentlich den Palästinensern gehört, zumal diese Behauptung ja nur teilweise zutrifft. Es ist diese scheinbare Doppelzüngigkeit, die eine Integration immer weiter verhindert.

Aber nicht nur diese Unklarheit irritiert die Israelis. Vor allem säkulare Palästinenser, Intellektuelle, die sich am modernen Demokratiebegriff westeuropäischer Prägung orientieren, lehnen die Idee eines »jüdischen Volkes« ab. Für sie ist die jüdische Nationalität eine zionistische Erfindung, der »Kult« um das Land ebenso. Selbst wenn sie wissen, daß Zion seit 2000 Jahren immer im Mittelpunkt der Gebete gestanden hat, selbst wenn sie wissen, daß sich Juden überall auf der Welt – zumindest bis zur Französischen Revolution – als ein Volk verstanden haben, halten sie diese »transnationale Identität«, wie sie sie nennen, für Unsinn. »Was hat ein Jude aus dem Jemen mit einem Juden aus Brooklyn schon gemein?« Diese Frage taucht in der Diskussion mit Arabern immer wieder auf. Dabei bestehen sie auf einer nationalen Zugehörigkeit, die bei Juden in vielen Ländern durch den Paß garantiert war – bei vielen, aber nicht bei allen. Hierbei wird nicht nur die aus dem Glauben herrührende Verbindung geflissentlich übersehen, sondern auch die Verfolgungsgeschichte der Juden. Es wird nicht berücksichtigt, daß es irrelevant war, ob sich Juden als Bürger irgendeiner Nation verstanden haben oder nicht. Im Zweifelsfall gehörten sie eben nicht zum »Volkskörper«; im Zweifelsfall wurden sie gerade von ihren christlichen Feinden (von den Muslimen übrigens auch) als fremdes, eigenständiges Volk angesehen. In diesem Zusammenhang steht auch die offensichtliche Unkenntnis über den Holocaust. Es ist tatsächlich so, daß ein Großteil der israelisch-palästinensischen Bevölkerung von der Shoah entweder keine Ahnung hat oder sie als Propaganda der Zionisten einstuft, die damit die eigenen Verbrechen an ihrem Volk rechtfertigen wollen.

Die Tragik beider Völker ist in der Tat die mangelnde Kenntnis über das Schicksal des jeweils anderen. Die Araber kennen die Geschichte der Juden nicht, und die Juden wissen nichts über die Geschichte der Palästinenser. So aber kann kein Vertrauen, kein Einfühlungsvermögen entstehen, keine »Brücke« geschaffen werden. Der Konflikt, nicht nur mit den Palästinensern in den besetzten Gebieten, sondern gerade mit den israelischen

Palästinensern wird also weiterlodern, da die Welt dieses Problem leid ist.

Für die Demokratie in Israel sind die Minderheiten im Land eine große Herausforderung, und es muß leider gesagt werden, daß die Demokratie ihre Prüfung bislang nicht bestanden hat. Man darf sich nichts vormachen: Wenn ein europäisches Land mit seinen Staatsbürgern, die einer anderen Glaubensgemeinschaft angehören, in ähnlicher Weise verfahren würde wie Israel mit den Muslimen, wäre der Aufschrei in der Welt groß.

Das Fehlen einer Verfassung und einer Deklaration der Menschenrechte macht es gerade den Minderheiten in Israel schwer, ihre Ansprüche und ihr Recht durchzusetzen. Und angesichts der zunehmenden »Judaisierung« Israels, angesichts einer auch auf jüdischer Seite fortschreitenden Fundamentalisierung der Gesellschaft stehen auch hier die Zeichen auf Sturm. Die Palästinenser mit israelischer Staatsbürgerschaft werden auch weiterhin nichts zu lachen haben in ihrem Staat.

# Die Hoffnungsträger

**D**as Leben ist wie überall: Am Strand liegen die Menschen, lassen sich von der Sonne braten, planschen im Meer herum und spielen eine Art Strandball, mit zwei Schlägern und einem harten Gummiball. Das »Plip-Plop« dieser Bälle ist auf allen israelischen Stränden zu hören. Cafés, Restaurants und Bars sind überfüllt; auf den Straßen flanieren verliebte Pärchen, und gestreßte Geschäftsleute hasten mit ihrem Handy am Ohr und ohne Blick für das Dolcefarniente durch die Menge. Die Straßen ersticken im Verkehr. Überall wird gehupt, als wäre ein schnelles Vorwärtskommen erzwingbar. An den Felafel-Ständen bilden sich kleine Warteschlangen; Kinder laufen schreiend durch die Gegend – das ganz normale Alltagschaos in Tel Aviv oder irgendeiner anderen Stadt Israels. Das Leben ist schön, die Sonne scheint, alles ist in Ordnung.

Der fortschreitende Fundamentalismus ist für den normalen Touristen nicht zu sehen; nur diejenigen, die längere Zeit im Lande leben, werden die Spannungen und Antagonismen, die Aggressionen und gegensätzlichen Leidenschaften spüren. Israel ist immer noch ein faszinierendes Land. Es gibt kaum ein Land auf der Welt, in dem auf kleinstem Raum so viele verschiedene Menschen, so viele verschiedene Glaubensrichtungen, Weltanschauungen und Lebensphilosophien existieren.

Es ist ein Vergnügen, durch Tel Aviv, ja selbst durch Jerusalem zu spazieren. Nirgendwo kann das Auge für längere Zeit verweilen, da es immer neuen Eindrücken ausgesetzt ist, die noch interessanter, noch aufregender sind als die vorherigen. Und jeder, der die Chance hat, Israelis näher kennenzulernen – und das ist angesichts der im Lande verbreiteten Geselligkeit und Offenheit nicht besonders schwer –, wird erstaunt sein, in welchem Maße jeder politisch denkt, wie engagiert in die eine oder andere Richtung diskutiert wird, als ob es permanent ums eigene Leben ginge. Geht es ja im Grunde auch.

Die beschriebenen Strömungen und Entwicklungen in der israelischen Gesellschaft beschwören äußerst düstere Aussichten herauf. Viele Israelis wissen um die Gefahren, wollen sie aber nicht wahrhaben oder verdrängen sie in ihrem Alltag. Asher Ben Natan, der erste israelische Botschafter in Bonn, der zu den aschkenasischen, sozialistischen Pionieren der frühen Jahre gehört und wegen seines Aussehens gerne mit Curd Jürgens verglichen wurde, kann die extremen Veränderungen im Land nur noch mit einem trockenen »Es ist nicht mehr das gleiche Land« kommentieren. Resignation und Unverständnis schwingen in diesen Worten ebenso mit wie Betroffenheit und Ratlosigkeit.

So wie Ben Natan geht es vielen aus seiner Generation, die Israel aufgebaut hatten und mit großen Hoffnungen erfüllt waren, eine demokratische, soziale und geistig möglichst rege jüdische Gesellschaft zu entwickeln. Was inzwischen aus Israel geworden ist, ist für diese Generation in vielen Bereichen eine große Enttäuschung, ganz gleich, welcher politischen Richtung sie angehören. Von ihnen ist insofern kaum noch eine »Rettung« zu erwarten.

Die Ära Netanyahu kann zudem bereits jetzt als eine Zeit des allgemeinen Werteverfalls angesehen werden. Den Regierungsstil Netanyahus kann man schlicht als nach allen Seiten hin »kompromittierend« bewerten. Nicht genug, daß der Ministerpräsident offenkundig das kleine Einmaleins der Diplomatie nicht beherrscht und dadurch sowohl im Umgang mit der Schutzmacht USA als auch mit den arabischen Nachbarn viel Porzellan zerschlagen hat. Noch viel schlimmer ist, daß er die politische Kultur des Landes, um die es ja in den vergangenen Jahren aufgrund zahlreicher Korruptionsskandale sowieso nicht mehr zum besten stand, völlig zerstört.

Die Mannschaft, die sich Netanyahu als engsten Beraterkreis zusammengestellt hatte, also vor allem Dore Gold, der inzwischen UNO-Botschafter geworden ist, David Bar-Ilan als Pressesprecher und Avigdor Lieberman als Generaldirektor im Büro des Ministerpräsidenten, war von der israelischen Presse argwöhnisch beäugt worden. Ihr wurden mangelhafte Information, Arroganz und Mafiamethoden nachgesagt. Dore Gold, ein ursprünglich amerikanischer Jude, hatte zu Beginn der Amtszeit Netanyahus zum Palästinenserproblem Stellung bezogen, obwohl – wie viele Gegner, die ihn gut kennen, meinten – er aus persönlichen Kontakten Palästinenser kaum kennt. Der einstige Pianist David Bar-Ilan ist nach Auffassung vieler Journalisten auf dem Konzertpodium besser aufgehoben als auf dem glatten Parkett der politischen Diplomatie. Und Avigdor Lieberman, genannt »Yvette« Lieberman? Um diesen ehemaligen russischen Immigranten ranken sich die kühnsten Gerüchte. Im Alter von 20 Jahren war der heute 39jährige nach Israel eingewandert und der rechten Studentenorganisation »Castel« beigetreten.

Schon früh kreuzten sich die Wege Liebermans und Netanyahus. »Bibi« hatte ihn zu seiner rechten Hand auserkoren, woraufhin dieser seinem Herrn und Meister 1996 als Wahlkampfmanager zum Sieg verhalf. Zum Dank berief ihn Netanyahu zum Chef seines Büros. Nicht erst seit diesem Tag wird Lieberman als »Rasputin« Israels angesehen. Seine teilweise skrupellosen Methoden, politische Gegner auszuknocken, um seine eigene und Netanyahus Position zu sichern, haben bereits zu den Vermutungen geführt, er könnte sogar Kontakte mit der russischen Mafia haben.

Im November 1997 hatte er den Bogen endgültig überspannt. Netanyahu, der sich in nur 16 Monaten die Partei, viele Minister und engste Vertraute durch einsame Entscheidungen, falsche Versprechungen und Lügen zum Feind gemacht hatte, wollte auf dem Likud-Parteitag eine Änderung des Vorwahlsystems erzwingen. Üblicherweise entscheidet die gesamte Partei über die Kandidaten für die Parlamentswahlen. Netanyahu wollte dies ändern, da er mit Grund befürchten mußte, daß die Basis der Partei gegen ihn stimmen würde. Lediglich im Zentralkomitee des Likud sah er noch Verbündete. Nach ersten Protesten der Likud-Minister versprach Netanyahu, diesen Versuch zu unterlassen, um dann aber auf dem Parteitag mittels eines überraschenden Coups das Wahlsystem doch zu ändern. Nicht genug, daß da ein Parteivorsitzender seine Macht mißbrauchte, um die demokratischen Spielregeln in seiner Partei vom Tisch zu fegen; nicht genug, daß sich ein unbeliebter Ministerpräsident zum Autokraten erheben wollte; es kam darüber hinaus an den Tag, daß der Drahtzieher hinter den Kulissen Avigdor Lieberman war. Auf einer Kabinettssitzung nach dem Parteitag gelang es den Ministern immerhin, eine ultimative Forderung durchzusetzen: Entweder Lieberman geht, oder sie würden zurücktreten. Lieberman mußte seinen Schreibtisch räumen, doch der Schaden, der bereits entstanden war, ist auch jetzt kaum noch wiedergutzumachen. Die Änderung im Vorwahlsystem des Likud ist einer von vielen kleinen Schritten, die die Demokratie in gefährlicher Weise schwächen. Man darf in diesem Zusammenhang auch nicht vergessen, daß die Bar-On-Affäre, selbst wenn Netanyahu zunächst einmal von allen Vorwürfen entlastet wurde, dem Ministerpräsidenten zumindest noch als schwerer Makel anhaftet.

Und noch ein Problem gefährdet die Demokratie in Israel. Man mag es kaum glauben, doch der Anlaß hierfür ist die Ehefrau Netanyahus, Sara, mit ihrer ungezügelten Art als sogenannte »First Lady«. Ganz im Stil kommunistischer Herrscher beansprucht sie für sich Macht, Pomp und Gloria, was ihr Mann ihr ständig gewährt, seine Position aber nicht unbedingt stärkt. Eine Welle der Empörung schwappte ein erstes Mal über Sara Netanyahu herein, als sie ein südafrikanisches Au-pair-Mädchen wegen einer angebrannten Suppe entließ. Doch dies war nur der Auftakt für weitere Skandale. Nachdem Netanyahu 1993 öffentlich gestehen mußte, daß er eine außereheliche Affäre gehabt hatte, hat sich Sara ausbedungen, bei all seinen Auslandsreisen in Zukunft mit von der Partie zu sein. Und nicht nur sie – auch ihre Kinder nimmt sie gerne und häufig mit. Etwa bei offiziellen Besuchen im Weißen Haus, in Amsterdam oder in Rom. Eine Urlaubsreise nach Davos geriet ebenfalls zu einer Entfaltung pompösen Wahnsinns. Das luxuriöse Seehof-Hotel schickte an das Büro des israelischen Ministerpräsidenten eine

Auslagenrechnung über 75 652 Schweizer Franken, die sich aus etlichen skandalösen Einzelposten zusammensetzte.

Als im Dezember 1997 auch bekannt wurde, daß Sara Angestellte in ihrem Hause geschlagen haben soll, war das Faß immer noch nicht übergelaufen. Die israelische Öffentlichkeit haßt die Frau des Ministerpräsidenten, doch scheint sich Netanyahu nach wie vor keine Gedanken darüber zu machen, daß ein solch provozierendes Verhalten nicht nur seiner Person schadet, sondern vor allem auch seinem Amt. Bezeichnend ist, mit welcher Ruhe Netanyahu diese Skandale aussitzt. Er rechnet gar nicht mehr mit ernsthaftem Widerstand, trotz einer Presse, die ingesamt um vieles schärfer und unerbittlicher mit den eigenen Politikern umgeht als etwa die deutsche Presse mit deutschen Politikern. Vielleicht ist diese »Gelassenheit« Netanyahus das untrüglichste Zeichen dafür, daß die Demokratie bereits einige marode Stellen aufweist.

Die Hoffnung auf zukunftweisende Initiativen richtet sich auf die Bevölkerung. Denn es gibt sie, die Einzelkämpfer und Idealisten; einige wurden in den vorangegangenen Kapiteln bereits vorgestellt. Wenn überhaupt, dann sind es solche Personen, die das Ruder in Israel herumreißen können.

Eine im Oktober 1997 in der israelischen Tageszeitung *Ha'aretz* erschienene bezahlte Anzeige ist einerseits ein sicheres Indiz für die allgemeine Verunsicherung und Agonie, andererseits ein Beweis dafür, daß pfiffige Ideen in Israel durchaus noch umgesetzt werden. Die von einer privaten Initiative geschaltete Anzeige mit der Überschrift »Ich muß etwas für den Frieden tun – aber was?« zeigte dem willigen, aber hoffnungslosen Durchschnittsisraeli, daß er viele Möglichkeiten hat, die Geschicke seines Landes zum Positiven zu wenden.

Die Anzeige schlägt beispielsweise vor, daß alle, die ihre Aufforderung zum Reservedienst erhalten haben, diese zwar zurückschicken sollten, aber mit einer Bemerkung, in der die Regierung aufgefordert wird, ihre Politik in den besetzten Gebieten radikal zu ändern. »Wenn die Armee nur fünf solcher Bestätigungen erhält, wird sie kaum Notiz von ihnen nehmen, aber wenn sie Zehntausende erhält, wird es das ganze System erschüttern.« Man solle, so lautete ein anderer Vorschlag, den Abgeordneten in der Knesset Postkarten schicken, den Rechten mit einer Notiz: »Oslo  – oder geh nach Hause«, den Linken mit der Aufforderung, daß sie mehr tun müßten. Auch hier würde die Masse der Postkarten Eindruck machen. Man solle die Faxgeräte der Regierungsämter, vor allem des Büros des Ministerpräsidenten, mit Protestbriefen bombardieren. Autos, die am Büro des Premiers vorbeifahren würden, sollten grundsätzlich hupen. Menschen, die sich in der Nähe seiner Wohnung aufhalten würden, sollten sich für einige Zeit mit einem Protestplakat davorstellen, so daß »Bibi« ununterbrochen an den Friedenswunsch der Menschen erinnert würde. Talkshows im Radio sollte man nutzen, um seiner politischen Meinung Ausdruck zu verleihen. Außerdem müsse man den rechtsgerichteten Siedlersender »Arutz 7« mit Anrufen bombardieren und Frieden fordern. Man solle in allen Tageszeitungen unablässig kleine Anzeigen aufgeben mit kurzen, prägnanten Äußerungen wie »Bibi zerstört den Frieden« oder »Oslo muß sein«.

Die Ideen, die diese Anzeige liefert, sind einfach und schnell umzusetzen. Natürlich haben sie nur geringe Aussichten auf Erfolg. Doch immerhin ist die Anzeige ein Versuch, Licht in das allgemeine Dunkel zu bringen. Andere Initiativen bemühen sich ebenfalls, die kleine Flamme der Friedenshoffnung weiterbrennen zu lassen. »Die Frauen in Schwarz« sind eine solche Initiative, die während der Intifada aufkam. Ähnlich wie in Südamerika sahen sich die Frauen in einer besonderen politischen Verantwortung; schließlich sind es ihre Söhne, Männer und Väter, die in den Krieg ziehen, die in den besetzten Gebieten Dienst tun und dort aufgrund der extrem angespannten Situation allmählich psychisch verrohen. Die zunehmende Gewaltbereitschaft in der israelischen Gesellschaft und die längst nicht mehr nur vereinzelten Übergriffe von Soldaten bei ihren Aktionen in den besetzten Gebieten hatten die Frauen vor einigen Jahren auf den Plan gerufen. Zunächst waren es nur einige wenige, die jeden Freitag mittag am zentral gelegenen Kikar France in Westjerusalem in schwarzer Kleidung und mit Plakaten stumm gegen die Besatzungspolitik der damals noch amtierenden Regierung Shamir protestierten. Bald erhielt diese Bewegung großen Zulauf. Immer mehr Frauen standen plötzlich Freitag für Freitag, vor Beginn des Schabbats, auf dem Platz und bezeugten mit ihrem stillen Protest, daß es auch noch ein anderes, friedfertiges Israel gab. Bald hatte die Bewegung in allen Großstädten Israels Fuß gefaßt, und nun standen die »Frauen in Schwarz« Freitags auf öffentlichen Plätzen in Tel Aviv und Haifa, in Beer Sheva und Aschdod.

Der friedliche Protest löste bei den Passanten allerdings heftigste Reaktionen aus. Immer wieder formierten sich am Freitag Gegendemonstrationen; die Frauen wurden von rechtsgerichteten Männern als Huren beschimpft und bespuckt, als Araberliebchen beleidigt und mit Schlägen bedroht. Wie aggressiv die Stimmung in der israelischen Gesellschaft geworden ist, konnte man mehrere Jahre lang an diesen Freitagen beobachten. Dabei kam es zu Szenen, die allen Konventionen des menschlichen Zusammenlebens Hohn sprachen. Die nationalen und internationalen Fernsehsender schickten regelmäßig ihre Kamerateams zu den »Frauen in Schwarz«, die dadurch bald international bekannt und für ihre Zivilcourage in verschiedenen Ländern mit Auszeichnungen geehrt wurden, so auch in Deutschland.

Mit dem einsetzenden Friedensprozeß unter Ministerpräsident Rabin schien die Aufgabe dieser Bewegung erfüllt. Die Frauen konnten hoffen, daß die Besatzungspolitik ein Ende haben würde und stellten schließlich 1993/94 ihre Aktionen ein. Im Herbst 1996 konnte man jedoch die »Frauen in Schwarz« auf den gewohnten Plätzen wiederfinden. Der Anblick war so vertraut, daß man das Gefühl hatte, es seien inzwischen nicht drei Jahre vergangen, sondern höchstens ein paar Wochen. Und wieder wurden sie in gewohnter Weise von Passanten verspottet. »Ja, wir werden wieder als Huren beschimpft«, erzählt eine Demonstrantin im November 1997, »als Huren Arafats und als Landesverräterinnen. Und da wir als jüdische Frauen jetzt, am Freitag mittag, nicht zu Hause in der Küche stehen, um das Essen für den Schabbat vorzubereiten, werden wir auch als ›Palästinenserinnen‹ angefeindet.«

Eine andere Frau, ein anderer Ort: Anat Hoffmann will sich auf keinen Fall auf dem Platz vor der »Klagemauer« interviewen lassen, sondern auf der gegenüberliegenden Seite auf einer der Terrassen, von der man einen schönen Überblick über das gesamte Areal der Westmauer des einstigen Tempels hat. »Das ist viel zu gefährlich«, sagt sie am Telefon.

Eine etwa vierzigjährige Frau mit langen dunkelblonden Haaren wartet bereits am vereinbarten Ort auf ihren Gesprächspartner. Sie trägt einen einfachen dunklen Rock und ein violettes T-Shirt. Anat Hoffmann ist Stadträtin von Jerusalem, doch es ist nicht diese Funktion, die sie in Israel zu einer bekannten Person gemacht hat, sondern ihre Aktivität in der Women-of-the-Wall-Bewegung. Die WOW, wie sie in der israelischen Presse abgekürzt wird, ist eine Gruppe von Frauen, die seit Jahren versucht, ihre feministisch-religiösen Überzeugungen in die Tat umzusetzen. Im Dezember 1988 beteten 70 jüdische Frauen aus aller Welt auf der »Frauenseite« an der Westmauer; sie sangen und sprachen die Gebete mit lauter Stimme. Die Folgen waren verheerend. Orthodoxe jüdische Männer stürmten die rechte Seite an der Mauer, beschimpften und bespuckten die Frauen, stießen und schlugen sie und bewarfen sie mit herumstehenden Stühlen, wobei einige von ihnen schwer verletzt wurden. Obwohl die Polizei bei diesen tätlichen Angriffen lediglich zusah und nicht eingriff, wiederholten die »Women of the Wall« immer wieder ihre Versuche, an der »Klagemauer« gemeinsam und laut zu beten. Jedesmal kam es zu ähnlich gewalttätigen Szenen. Im März 1989 reichten die »Women of the Wall« schließlich einen Antrag beim Obersten Gericht ein und forderten nicht nur die Erlaubnis, gemeinsam an dem heiligsten Ort des jüdischen Volkes zu beten, sondern auch Polizeischutz vor weiteren Gewalttätigkeiten orthodoxer Männer. Daraufhin verbot das Oberste Gericht bis auf weiteres die Zusammenkunft der WOW an der »Klagemauer«.

Mit ihrem feministisch-religiösen Ansatz gehen diese Frauen gegen ein orthodoxes Tabu vor: die weibliche Stimme. Seit Tausenden von Jahren ist es Frauen verboten, laut zu beten. Während es in den liberalen und konservativen Gemeinden längst weibliche Kantoren gibt, während in diesen Gemeinden Frauen längst zum nötigen Minjan (zehn Menschen) gezählt werden, um einen Gemeindegottesdienst abhalten zu können – bei den Orthodoxen müssen es zehn Männer sein –, sind Frauen im synagogalen Bereich der Orthodoxie zur Bedeutungslosigkeit reduziert. Die Stimme einer Frau, so sagen die Rabbiner, dürfe im Gebet nicht gehört werden, weil sie den Mann sexuell stimulieren und ablenken könne. Freilich gibt es noch ein weiteres Argument dafür, daß Frauen ihre Stimme nicht erheben dürfen: die Verführung Adams durch Eva im Paradies. Es war, wenn man den Text der Genesis genau liest, lediglich Adam verboten, Früchte vom Baum der Erkenntnis zu essen, nicht Eva. Als diese Adam überreden konnte, dennoch davon zu kosten, kam es zur großen Bestrafung. Es war also die verführerische Stimme einer Frau, die den Mann zum Schwanken brachte und seinen Gehorsam gegenüber Gott untergrub; um dies in Zukunft zu vermeiden, so die Rabbiner, dürfe also eine Frau nie mehr ihre Stimme erheben.

Ob nun die feministische oder die orthodoxe Auslegung der Thora und der Gebote richtig ist, sei dahingestellt. Es geht hier nicht um religiöse Entscheidungen. Der eigentliche Skandal ist die Weigerung des Obersten Gerichts, einer Gruppe von Juden ihr individuelles Recht auf freie Religionsausübung zu garantieren, noch dazu mit der Begründung, es gäbe keine Möglichkeit, sie zu schützen – dabei war es kein Problem, die fundamentalistischen

Siedler in Hebron am Grab Awrahams vor den Palästinensern zu schützen, nachdem Baruch Goldstein über
zwanzig betende Muslime erschossen hatte. Bis heute ist
dieses Urteil nicht aufgehoben worden, und die internationale Organisation der WOW hat 1990 Klage gegen die
israelische Regierung und das Ministerium für Inneres
und religiöse Angelegenheiten erhoben. Was in den vergangenen Jahren die jeweils amtierenden Minister nicht
davon abgehalten hat, die WOW mehrfach als »Hexen«
zu verurteilen, ihnen nachzusagen, sie würden »das Werk
Satans« erfüllen und sie seien – dieser Vorwurf ist schon
bekannt – »Huren ähnlicher als heiligen Frauen«.
Anat Hoffmann ficht dies nicht an. Sie ist eine äußerst
mutige, resolute Frau. Ihr Kampf um die Gleichberechtigung im Rahmen der Religion ist zugleich ein Kampf
um die Anerkennung der Frauen in der israelischen Gesellschaft. Gleichzeitig will sie in ihrer Arbeit als Stadträtin dafür sorgen, daß nicht nur die Fundamentalisten
bestimmen können, was in der Heiligen Stadt geschieht.
Als sie nach der Geburt ihres Kindes zu einer Stadtrats-
sitzung mit ihrem Baby erschien und während der Sitzung
dem Kleinen die Brust gab, verlor ein orthodoxer Stadtrat
die Fassung und verursachte einen riesigen Skandal. Anat
Hoffmann blieb ruhig und reagierte ganz trocken: »Ihr
wollt doch immer, daß wir Frauen uns um unsere Kinder
kümmern. Nun, das tue ich hiermit.« Ihr Widerstand ist
ungebrochen; und doch ist es eine große Überraschung,
sie bei einer zweiten Begegnung in ihrem Stadtratsbüro
mit kurzen Haaren zu sehen. Die Wahlen ständen vor
der Tür und sie würde natürlich wiedergewählt werden
wollen. Als verheiratete ältere Frau mit Kind gehöre es
sich aber nicht, mit langer Jungmädchenmähne herumzu-

laufen – ein stilles Zugeständnis an das fromme Jerusalem...

Anat Hoffmann gehört in Israel zu einer Randgruppe. Ähnlich wie in christlichen Gesellschaften ist der Feminismus auch in Israel ein oftmals von der (männlichen) Mehrheit belächeltes Phänomen, und natürlich reagieren auch nichtreligiöse Israelis belustigt auf die Intentionen der WOW. Sie bedenken jedoch nicht, daß die Initiative dieser Frauen sich in den Kampf für ein demokratisches Israel einfügt, von dem alle profitieren könnten. Die Forderung nach einem vom Staat garantierten religiösen Pluralismus ist nichts anderes als eine verkappte Forderung nach einer völligen Trennung von Staat und Religion.

Wie ihre Mitstreiterinnen ist Anat Hoffmann ein bewußt politisch denkender und handelnder Mensch. Sie sieht die Gefahr der zunehmenden Fundamentalisierung der israelischen Gesellschaft, sie sieht selbstverständlich auch den Umgang der jüdischen Mehrheit mit der arabischen Minderheit. Und sie verurteilt diese Haltung zutiefst. »Ich glaube, wir werden von Gott geprüft, wie wir hier die Minderheiten behandeln, und nicht, in welchem Maße wir stolze Juden sind – stolze Machos, militante Juden, die jeden in Angst und Schrecken versetzen. Es gibt 800 000 israelische Araber – sie sind Israelis. Es gibt zwei Millionen Palästinenser, die mit uns hier leben. Entweder teilen wir, oder wir jagen unser ganzes Zuhause in die Luft. Es geht da um ganz praktische Fragen. Wir haben dieses Haus vor 2000 Jahren verlassen. Es ist unser Haus – darüber fange ich gar nicht erst an zu diskutieren. Da stimme ich mit dem extremistischsten Israeli überein. Es ist unser Haus. Aber wenn man sein Zuhause vor 2000 Jahren verlassen hat, zieht in der Zwischenzeit jemand anders ein und richtet sich häuslich ein. Jetzt sind wir zurückgekommen und sagen: Wir wollen alles zurück, wir sind Zionisten. Wir können aber nicht alles bekommen. Man muß praktisch vorgehen: Wir müssen teilen. Ich bin bereit, nur ein Badezimmer zu haben und nur ein kleines Zimmer für die Kinder – aber ich möchte leben. Und ich will nicht das ganze Haus explodieren lassen. Und diese Menschen unter uns, die ständig sagen, daß uns alles gehört – die nähren damit den nächsten Krieg.«

Vielleicht mag hier der Eindruck entstehen, daß fast ausnahmslos Frauen die Hoffnungsträger Israels sind. Das wäre nicht das erste Mal, daß sich in einem Land, das sich im Kriegszustand befindet, besonders Frauen engagieren, um den Frieden zu ermöglichen. Doch welche Chancen hätten sie, wenn sie tatsächlich ganz alleine kämpfen würden, noch dazu, wo viele Frauen sich aus Tradition oder aus Überzeugung an solch einem Kampf niemals beteiligen würden?

»Oz we Shalom« (»Stärke und Frieden«), so heißt eine andere – erstaunlicherweise orthodoxe – Organisation, die ebenfalls zu den Hoffnungsträgern im Lande gezählt werden muß. Treibender Motor dieser Vereinigung ist der ursprünglich aus Deutschland stammende Joseph Walk, der vor drei Jahren für seine humanitäre Arbeit die Buber-Rosenzweig-Medaille der Gemeinschaft christlich-jüdischer Zusammenarbeit in Deutschland erhalten hat.

Das Büro von »Oz we Shalom« liegt im Tiefparterre eines alten Hauses im Jerusalemer Stadtteil Rehavia. Walk ist etwa Mitte achtzig und durchaus noch rüstig, geistig sehr rege und voller Energie; er ist ein orthodoxer Jude moderner Prägung, oder soll man sagen: humanistischer Prägung? Seit Jahrzehnten kämpft er für einen Ausgleich zwischen Arabern und Juden und mittlerweile auch für eine bessere Verständigung zwischen orthodoxen und säkularen Juden. Für ihn und seine vielen tausend Mitstreiter kommt es vor allem darauf an, das Gesetz Gottes in jeder Hinsicht so zu erfüllen, wie es dem Menschen eigentlich obliegt. Mit den religiösen Fundamentalisten hat Walk nichts gemein. Und es ist bezeichnend, daß gesetzestreue Juden wie er in Israel eher die Ausnahme sind und bei Freund und Feind Befremden auslösen. Auch der Religionsphilosoph Yeshayahu Leibowitz war solch ein orthodoxer Jude, einer, der sich an die Gebote Gottes hielt, ohne zu vergessen, daß es eine moderne Welt gibt, die nicht zwangsläufig im Widerspruch zur Welt der Halacha stehen muß. Der Vorteil von »Oz we Shalom« ist, daß diese Organisation die religiösen Fundamentalisten mit ihren eigenen Waffen schlagen kann: mit den Worten aus der Thora und dem Talmud. Es gibt kaum einen Punkt innerhalb der religiösen Ideologie der Ultras, den Walk und seine Mitstreiter nicht widerlegen könnten.

Daß Tausende von Jeschiwa-Studenten kein Geld verdienen und sich vom Staat aushalten lassen, ist von dem größten jüdischen Philosophen Maimonides als Chillul Haschem bezeichnet worden, als Entehrung Gottes. Das Schmarotzertum ist im Judentum nämlich verpönt; ebenso die Zurückstellung vom Militärdienst, die in völligem Gegensatz zur religiösen Verpflichtung eines jeden Wehrfähigen steht, sein Land zu verteidigen; im Kriegsfall muß er sogar als »Bräutigam den Trauhimmel verlassen«.

Mit korrupten Haredim geht »Oz we Shalom« ebenso unerbittlich zu Gericht. Arie Deri – und er ist nicht der einzige haredische Politiker, der unter Korruptionsverdacht steht – genoß zwar das auch in Europa bekannte Immunitätsgesetz, doch widerspricht es der Halacha; sie verlangt, daß auch Politiker sich dem Diktat der Justiz unterstellen müssen, wenn gegen sie irgendein Verdacht vorliegt; doch daran wollen die verdächtigten Haredim natürlich nicht erinnert werden.

Die theokratische Vision der Haredim wie der Nationalreligiösen ist sogar in der Thora in jene Zeit verlagert, wenn der Messias kommt. Immer gab es im jüdischen Reich eine Gewaltenteilung: Der König, die Priester und die Propheten sowie später die Versammlung der Gelehrten, der Sanhedrin, mußten immer wieder einen Konsens finden, der sich an den sehr irdischen Realitäten zu messen hatte. »Kein Rabbiner hat das Recht zu entscheiden, ob sich das Militär aus den besetzten Gebieten zurückzuziehen hat oder nicht. Es ist wie mit der Geschichte vom kranken Juden: Da sind ein Rabbiner und ein Arzt am Schabbat bei ihm. Der Rabbiner kann entscheiden, daß alle Schabbat-Gebote aufgehoben sind, um das Leben des Juden zu retten, entsprechend dem Gesetz Pikuach Nefesch – über die Rettung der Seele. Doch wie diese Seele gerettet wird – das entscheidet nicht der Rabbiner, sondern der Arzt. So müssen im Falle der besetzten Gebiete die Politiker und die Militärs die Entscheidungen fällen und sonst niemand.«

Für den ehemaligen Lehrer Joseph Walk sind solche politischen Entscheidungen immer auch religiöse. Und dabei spielt, wie er offen zugibt, nicht so sehr die Liebe für das palästinensische Volk eine Rolle, sondern die Sorge um die Verrohung der eigenen Jugend.

Nach dem Sechs-Tage-Krieg 1967 wurde eine Studie veröffentlicht, die sich mit der Humanität des Militärs im

Krieg befaßt hat. Das Ergebnis konnte sich sehen lassen: Die Soldaten hatten sich selbst während der heftigsten Kämpfe keine brutalen Exzesse erlaubt. Nach dem Jom-Kippur-Krieg 1973 wurde erneut eine Studie veröffentlicht, die zwar nicht mehr ein derart strahlendes, aber auch kein grauenerregendes Bild des Militärs zeichnete. Die nach dem Libanonkrieg 1982 in Auftrag gegebene Studie wurde der Öffentlichkeit dann nicht mehr vorgestellt... Diese Entwicklungen bereiten Walk große Sorgen. Und er macht die fanatischen orthodoxen Gruppen mit dafür verantwortlich, daß in Israel Humanität und Nächstenliebe, Kategorien der Thora, zunehmend in den Hintergrund treten.

Am Beispiel von Anat Hoffmann, Joseph Walk, des Reformrabbiners Uri Regev oder von säkularen Gruppen wie die weiter oben beschriebene »Am Hofshi« von Ornan Yekutieli läßt sich nachzeichnen, daß der Glaube immer in die israelische Politik einwirkt. Es geht immer um die Frage nach dem, was »jüdisch« ist. Und mit »jüdisch« sind ethische Werte gemeint, die einer immer noch jungen Gesellschaft die Richtung in die Zukunft weisen sollen.

Der Schriftsteller Yoram Kaniuk und der Journalist Ze'ev Chafets hatten in provokativen Artikeln unabhängig voneinander ähnliche Ideen entwickelt. Ausgehend von der Spaltung des jüdischen Königreiches in die beiden Teilstaaten Juda und Israel in biblischen Zeiten, schlagen beide Autoren auch jetzt wieder solch eine Teilung vor. Dabei wäre Juda mit der Hauptstadt Jerusalem der Staat der fundamentalistischen Orthodoxen, aber auch anderer religiöser Gruppen; ein neuer Staat Israel mit der Hauptstadt Tel Aviv würde demgegenüber all denen eine Heimat sein, die sich zwar als Juden, gleichwohl aber als aufgeklärte, säkulare Menschen verstehen.

Natürlich sind solche Gedankenspiele lediglich als Provokation aufzufassen, sie sollen die Aufmerksamkeit der Leserschaft auf die unerträglichen Spannungen in der israelischen Gesellschaft lenken. Es erhebt sich jedoch die Frage, ob es eines Tages tatsächlich zu solch einer Entwicklung kommen könnte. »Bruderkrieg«, so nannte Shalev die Situation im heutigen Israel. Es gibt zahlreiche jüdische Stimmen, die spöttisch schlußfolgern, es sei ein Glück für Israel, daß die Araber so dumm seien, keinen Frieden mit den Zionisten zu schließen. Wenn sie nämlich schlau wären, würden sie den Frieden mit Israel, egal zu welchen Bedingungen, akzeptieren. Denn in dem Augenblick, in dem an den Grenzen des jüdischen Staates Ruhe einkehren würde, würden sich die Israelis untereinander endgültig zerfleischen. Es gäbe dann auf einmal keinen Konsens mehr, kein Zusammengehörigkeitsgefühl. Und irgendwann würde sich dann der Staat auflösen, und die Palästinenser könnten, ohne einen Tropfen Blut vergossen zu haben, nach Jaffa und Haifa »zurückkehren«.

Erst wenn es jüdische Diebe und Huren gäbe, wäre Israel ein normaler Staat, meinte vor vielen Jahren David Ben Gurion. Dieser Wunsch hat sich längst erfüllt. Doch von Normalität kann in Israel immer noch keine Rede sein. Das Experiment eines zionistischen Staates und einer neuen jüdischen Gesellschaft ist in vielen Bereichen innerhalb kürzester Zeit zu einer echten Erfolgsstory geworden. Doch jetzt allmählich beginnen sich die Widersprüche in der Gesellschaft durch die idealistischen Vorstellungen hindurchzufressen; sie bedürfen dringend einer Lösung. Die sozialen Probleme der vergangenen fünfzig

Jahre wurden immer mit dem Hinweis auf die nächste Generation abgetan. Sie würde die gesellschaftlichen Widersprüche der vorhergehenden Generation überwinden können, weil mittlerweile ein Verschmelzungsprozeß stattgefunden haben würde. Diese Hoffnung erwies sich als Trugschluß. Ähnlich wie in den USA ist auch in Israel ein Hang zum Partikularismus festzustellen, vor allem, weil eine dritte Generation sich viel mehr für die Herkunft der Großeltern interessiert als die zweite Generation. Die großen Einwanderungswellen, vor allem die Einwanderung aus der ehemaligen Sowjetunion, haben die Struktur der israelischen Gesellschaft erneut tiefgreifend verändert. »Die Russen« sind heute die wohl unsicherste Größe im Hinblick auf die Zukunft. Es war eine Aliyah, eine Einwanderung, die ohne zionistischen Enthusiasmus stattgefunden hat. Und sie brachte ein Phänomen hervor, das man in der Geschichte des Zionismus in dieser Form bislang nicht kannte. Jeder jüdische Neueinwanderer wollte bislang so schnell wie möglich Hebräisch lernen und sich in die bestehende Gesellschaft und Kultur integrieren; demgegenüber gibt es in Israel heute neben der hebräischen eine eigenständige russische Presse. Die meisten Russen, vor allem ältere Menschen, lesen nur die Zeitungen in russischer Sprache; sie stehen – mitunter vielleicht auch willentlich – außerhalb des Mainstream. Die Partei der russischen Juden, Israel Be'aliyah, unter der Führung des einstigen sowjetischen Dissidenten Nathan Sharansky, hat sich in der Parteienlandschaft als rechte Kraft etabliert. Die Entwicklung Sharanskys entspricht wohl einer weitverbreiteten Tendenz unter den russischen Einwanderern. Als zunächst durchaus liberaler Journalist beim englischsprachigen *Jerusalem Report* entwickelte er sich allmählich zu einem rechten Hardliner, dem auch seine ehemaligen Kollegen bei dem Magazin nicht mehr folgen mochten. Hat diese Entwicklung vielleicht damit zu tun, daß Russen auf alles, was mit der Vorsilbe »sozial« beginnt, allergisch reagieren? Vielleicht. Es ist verständlich, daß der geringste Bezug zu sozialistischen Idealen bei den Menschen, die unter dem Kommunismus zu leiden hatten, Widerwillen und Aversionen hervorruft. Allein der Name »Arbeiterpartei« ist für diese Menschen bereits anrüchig.

Auch das Phänomen, daß Männer wie Sharansky oder der heutige Immigrationsminister, der ehemalige russische Jude Yuli Edelstein, orthodox geworden sind, entspricht einer Entwicklung, die man auch bei Nichtjuden in den GUS-Staaten beobachten kann. Die Unterdrückung des Glaubens, die, wie sich im nachhinein erwiesen hat, mit einer untauglichen politischen Doktrin einhergeht, läßt unweigerlich eine Sehnsucht nach Transzendenz und »Sinn« aufkommen. In Israel aber bedeutet die Wende hin zur Religion fast immer eine Wende zum Fundamentalismus, zumindest aber zu einer harten Haltung gegenüber den Gebietsansprüchen der Palästinenser.

Erschwerend für die Demokratie in Israel ist natürlich auch, daß viele Einwanderer aus ihren Heimatländern keine Erfahrungen mit der Demokratie mitbringen. Um so erstaunlicher ist es allerdings, daß die Demokratie bislang gut funktioniert hat. Vielleicht ist das dialogische Prinzip von Rede und Gegenrede im Talmud eine kulturelle Voraussetzung dafür, daß Juden aus der UdSSR, aus dem Jemen oder aus anderen undemokratischen Staaten den gesellschaftlichen Widerspruch kennen und zulassen? Es handelt sich hier lediglich um eine Vermutung, aber es ist doch ein interessanter Gedanke, aus dem sich die Frage ableiten läßt, ob eine moderne Demokratie nicht doch die Erfüllung des Judentums und eben nicht – wie viele Fromme behaupten – einen Widerspruch zur Halacha darstellt.

Wohin wird Israel driften? Mit Sicherheit weg von der Diaspora, die mittlerweile in einem neuen zionistischen Kontext als gleichwertige jüdische Lebensform akzeptiert wird. Die Sorgen und Nöte Israels sind nicht die der Juden in der Diaspora. Israel wird sich einen eigenen Weg suchen müssen, der vielleicht endgültig die Herausbildung einer eigenständigen Identität nach sich ziehen wird. Die Demokratie in Israel ist in Gefahr, und es scheint, als ob der Nahost-Konflikt die Tendenzen zu allen erdenklichen Spielarten des Fundamentalismus nur verstärkt. Israel kann nur eine offene Gesellschaft werden, wenn es Frieden gibt. Dieser Frieden aber bedroht viele Israelis in ihrer Identität. Es muß die Frage gestellt werden dürfen, ob der Krieg nicht zu einer Raison d'être geworden ist, mittels derer die israelischen Juden ihre Form des Judentums behaupten und den »jüdischen« Charakter Israels aufrechterhalten können? Denn was würde geschehen, wenn es wirklich zu einem Frieden, einem echten Frieden kommen würde? Abraham B. Yehoshuah meinte, daß dann die Palästinenser ins Land kämen und jeden Israeli so lange aus lauter Freundschaft umarmen würden, bis diese in ihren Armen erstickt wären.

Offene Grenzen würden gewiß zu einem osmotischen Verhältnis zwischen der arabischen und der israelischen Kultur führen, wovon beide Seiten profitieren könnten. Eine offene Gesellschaft – dies gilt natürlich auch für die Palästinenser – wird sich in der heutigen Zeit aber stets mit den globalen wirtschaftlichen und geistigen Herausforderungen auseinandersetzen müssen, die permanent auf sie einströmen. Ist also eine allmähliche »Säkularisierung« der jüdischen Identität eine unabwendbare Folge der Moderne? Stimmt es tatsächlich, daß in Israel ein neuer Typus des modernen Juden entsteht, wie Dan Meridor dies behauptet? Das hätte zur Folge, daß in absehbarer Zeit das Hebräische der vorrangige identitätsstiftende Faktor wäre und nicht mehr die Religion. Dadurch wiederum ergäbe sich eine weitere Loslösung von der Diaspora; es entstünden dann tatsächlich, auf lange Sicht gesehen, zwei Völker, die irgendwann nur noch einen gemeinsamen Ausgangspunkt hätten.

Wie in anderen Ländern ist der Fundamentalismus auch in Israel eine immanente Reaktion auf die Moderne. Ist der Kampf der Religiösen also als ein letztes Rückzugsgefecht, als eine verzweifelte Abwehrreaktion angesichts des eigentlich schon längst vollzogenen Paradigmensprungs in der jüdischen Geschichte anzusehen? Es scheint so, denn für den jüdischen Fundamentalismus gilt das gleiche wie für die verschiedensten Ausprägungen des islamischen Fundamentalismus: Er wird den Anforderungen unserer Zeit nicht mehr gerecht. Das Beispiel des Iran zeigt, wohin solch eine Entwicklung führen kann: immer nur in die wirtschaftliche Katastrophe, die mittels des Kriegs bekämpft wird.

Die Identitätskrise, in der sich das Judentum seit der Shoah befindet, spiegelt sich in der Krise des Staates Israel wider. »Quo vadis, Israel?« muß demzufolge auch umformuliert werden in die Frage, wohin das Judentum geht oder gehen will. Krieg als Option für das Festhalten an starren Traditionen, die einer dringenden Überprüfung und Neueinschätzung bedürften, ist für die jüdischen Fundamentalisten eine Größe, mit der sie gerne spielen. Die Zerstörung Israels wäre eine Möglichkeit, die diesen Gruppen eher entgegenkommen würde, als die Ankunft des Messias. Eine Zerstörung des jüdischen Staates würde die Juden zurückwerfen in das totale Exil – in eine Lebensform, die man aus den vergangenen zweitausend Jahren kennt und die keine neuen Fragen aufwirft. Der heute über 90jährige Rabbiner Schach hat vor einigen Jahren indirekt diese Idee begrüßt, als er darauf hinwies, daß auch ohne einen Staat Israel das jüdische Volk überleben würde, da es ja immer die Thora habe.

Die Palästinenser werden insofern zum Spielball eschatologischer Überlegungen, die in der jüdischen Politik unterschwellig immer mitschwingen. Ähnlich wie in einigen theologischen Überlegungen zu den Nazis und zur Shoah könnten die Araber wieder als Strafe Gottes für begangene Sünden angesehen werden. In Israel werden tagtäglich genug moralische Sünden begangen. Ein solches Endzeitkonzept würde also einigen frommen Denkern durchaus entgegenkommen. Sie würden solche Gedanken natürlich weit von sich weisen; denn selbstverständlich will kein Jude den Untergang Israels, vielleicht mit Ausnahme der bereits erwähnten Neturei Karta.

Aber man kann es nicht anders sehen: Viele rechtsgerichtete Kräfte in Israel – nicht alle! – beharren auf einem Konzept, das den potentiellen Untergang des Staates miteinschließt oder zumindest eine erneute militärische Konfrontation mit den Arabern in Kauf nimmt. Die von Überheblichkeit getragene Überzeugung, man sei militärisch immer stärker als der Gegner und Gott sei »sowieso mit uns«, könnte sich im Zweifelsfall als Bumerang erweisen. Auf alle Fälle würde viel, sehr viel Blut fließen, und die Gefahr eines solchen Armageddon ist groß.

Quo vadis, Israel? Es gibt nur einen Weg: hin zum Frieden, hin zur pluralistischen Demokratie. Jeder andere Weg kann langfristig nur das Ende des dritten jüdischen Staates in der Geschichte bedeuten. Den hundertsten Jahrestag der Staatsgründung im Jahre 2048 könnte man dann möglicherweise schon nicht mehr feiern. Vielleicht gibt es aber noch eine andere Lösung für Israel: Der Maschiach wird endlich kommen. Jetzt, heute – wie die Frommen glauben. Dann wären allerdings zugleich auch die Sorgen, Nöte und Probleme der ganzen Menschheit gelöst.

# Inhalt